트루 뉴욕 브루클린

Brooklyn in New York

윌리엄스버그부터 레드 훅까지
뉴요커가 즐기는 진짜 뉴욕

김주영 지음

왜 진짜 뉴욕을 브루클린이라고 말하는가?

뉴욕에 처음 발을 내디뎠던 2008년 가장 먼저 가고 싶었던 곳은 맨해튼의 소호였다. 젊은 예술가들의 감각적인 갤러리와 가게가 줄지어 있다는 그곳. 뉴욕 감성의 산실이라는 그 길 위에서, 진정한 뉴욕을 만나고 싶었다. 그러나 내가 만난 소호는 유명 브랜드와 글로벌 브랜드가 잠식해버린 관광 쇼핑 지구에 불과했다. 모두 어디로 간 것일까? 그 답은 다리 건너 브루클린에 있었다. 살인적인 맨해튼의 임대료와 대형 브랜드의 물량 공세에 밀려난 많은 젊은 예술가와 독립 상인은 브루클린으로 자리를 옮겼다. 처음에는 윌리엄스버그의 베드퍼드 애비뉴를 중심으로 하나둘 자리를 잡더니 지금은 그린포인트와 부시윅, 레드 훅까지 자유로움과 신선한 아이디어가 가득한 갤러리와 가게가 점점 늘어나고 있다.

브루클린의 골목을 걷다 보면 디지털로는 도저히 갈음할 수 없는 아날로그에 대한 향수, 공장에서 찍어낸 제품에서는 느낄 수 없는 온기, 사람의 손맛과 아이디어로 가득한 거리와 마주 서게 된다. 단언컨대 이것이야말로 뉴욕, 내가 만나려던 진짜 뉴욕이다.

이 책을 든 당신이 여행자여도 좋고 아니어도 좋다. 다만 뉴욕에서 자유의 여신상이나 타임스퀘어가 아닌 뉴욕의 감성과 마주 서고 싶은 사람이라면 브루클린으로 가자. 이 책과 함께.

TRUE NEW YORK
INDEX

트루 뉴욕 브루클린
Brooklyn in New York
윌리엄스버그부터 레드 훅까지
뉴요커가 즐기는 진짜 뉴욕

2 왜 진짜 뉴욕을 브루클린이라고 말하는가?
4 인덱스
6 브루클린 기본 정보
8 브루클린까지의 여정
9 브루클린 산책하기
10 MTA NEW TORK CITY SUBWAY
11 BROOKLYN BUS MAP
12 Where is Post Williamsburg?

13 이책 사용법
14 브루클린 지역별 특징

16 THE CITY, MANHATTAN
18 맨해튼 지역별 특징
20 Uptown / 23 Midtown / 25 Union Square
26 Bowery / 27 Soho / 28 West Village
29 Tribeca / 30 Chinatown / 31 Lower East Side
32 그밖에 뉴욕에서 가볼 만한 장소

34 EAT 먹기
36 FARM AMARKET / 42 BREAKFAST / 51 SNACK
61 COLUMN 재활용의 미학이 깃든 건물들
62 Dinner
74 INTERVIEW DENIS DU PREEZ
76 HANG OUT
79 COLUMN브루클린 식탁의 키워드, 지역(Local)과 유기농(Organic)
80 GROCERY
85 LIST

90 DRINK 마시기
92 COFFEE / 102 TEA / 104 BEER
112 WINE / 115 DISTILLED SPIRITS / 116 BAR
118 LIST

120 GET INSPIRED 감명받기
122 GALLERY / 130 MUSEUM / 132 THEATER
136 LIST

TRUE NEW YORK
INDEX

138 LISTEN 듣기
140 RECORDS / 144 LABEL / 146 VENUE
151 LIST

152 RUN 달리기
154 BIKE TOUR / 156 BIKE SPOT / 160 BICYCLE
164 INTERVIEW KAREN OVERTON
165 LIST

166 MAKE 만들기
168 MAKE / 170 CRAFT / 173 CLOTH
174 BOOK / 176 DIY
178 INTERVIEW NILS WESSELL
179 LIST

180 DIG 탐구하기
182 FLEA MARKET / 185 COMPLEX SPACE
186 VINTAGE / 193 SELECT SHOP / 198 DAILY LIFE
202 LIST

204 THINK 생각하기
206 PARK / 214 BOOK STORE
222 SCHOOL / 224 LIBRARY
227 LIST

228 SLEEP 잠자기
230 HOTEL / 236 AIRBNB
239 LIST

240 EVENTS ON NEW YORK

MAP 지도
244 BROOKLYN NORH
248 BROOKLYN SOUTHWEST
252 BROOKLYN SOUTHEAST
254 브루클린 추천일정

* 일러두기
이책에서 사용한 지하철 노선도와 버스 노선도는 mta,info 에서 제공하는 지도입니다.

Basic information

브루클린 기본 정보

브루클린은 뉴욕 주 5개(맨해튼, 퀸스, 브롱크스, 스탠드 아일랜드, 브루클린)의 자치구 중 하나다. 뉴욕 주에서 가장 많은 인구와 두 번째로 넓은 면적을 가지고 있다. 브루클린은 1600년대 네덜란드인이 정착하면서 붙여진 이름 브루켈렌(Bruckelen)에서 유래되었다. 폴란드, 그리스, 이탈리아, 러시아, 아프리카, 중국 등 다양한 인종과 문화가 섞이면서 브루클린만의 독특한 분위기를 만들어왔으며 세계의 축소판이라고 할 수 있다. 1950년부터 1980년대까지 인구 감소를 겪을 만큼 브루클린은 우범지역으로 인식되기도 했지만, 소호에서 첼시로 다시 이스트 리버를 건너온 가난한 예술가 젊은이들이 자리 잡으면서 브루클린은 뉴요커가 찾고 싶은 거리로 탈바꿈하였다. 오늘의 브루클린은 미국에서 손꼽히는 아름다운 공원, 프로스펙트 파크와 지하철을 타고 만날 수 있는 바다 코니아일랜드가 있는 치유의 도시, 세계 어디에서도 만날 수 없는 브루클린만의 브랜드를 만드는 도시가 되었다. 아날로그와 빈티지, 자유를 동경하는 사람이라면 누구나 브루클린에서 유레카를 외치게 될 것이다.

도시 구성

동서를 가로지르는 애틀랜틱 애비뉴를 중심으로 북쪽으로는 그린포인트, 윌리엄스버그, 부시윅, 덤보, 다운타운 브루클린, 브루클린 헤이츠, 포트 그린이 있다. 남쪽으로는 프로스펙트 하이츠, 파크 슬로브, 레드 훅, 보코카 등 총 41개의 구역으로 나뉜다. 이스트 리버에서 남쪽 해안을 따라 광범위하게 이어지며 뉴욕 주 자치구 중 두 번째로 큰 규모다.

인구
2,592,149(2013년 기준)명

면적
251km²

한국과의 시차 14시간 (서머 타임 시 13시간)
* 서머 타임 3월 두 번째 일요일부터
  11월 첫 번째 일요일까지 적용

뉴욕 출장 주재관 사무소
460 Park Ave,(57th & 58th St.)
New York, NY 10022 (646) 674-6000

음주
뉴욕 시는 만 21세가 되어야 음주할 수 있다. 공공장소, 길거리에서는 술을 마실 수 없다. 그래서 술을 종이 봉지에 싸서 길에서 마시는 사람을 종종 볼 수 있는데 경찰의 단속 대상이니 공공장소에서 음주는 자제할 것. 주류를 판매하는 펍과 바의 경우 입장 시 신분증을 반드시 제시해야 한다.

흡연
담배 역시 만 21세 이하는 구매와 판매가 금지되어 있다. 뉴욕 시 전역의 공원, 해변 등 공공장소는 금연구역이다. 지하철 내부는 물론 역사, 버스나 택시, 식당, 바 등 실내 역시 금연이다. 주류를 판매하는 술집이나 클럽에서도 담배를 피울 수 없다. 대신 문밖 흡연 중 눈 맞는 남녀가 많다는 장점이 있다.

기후

봄
봄이 되도 브루클린의 기후는 들쭉날쭉하다. 꽃바람이 불어오다가도 매서운 바람에 옷깃을 여미게 되고, 어느 날은 여름처럼 더워 갑자기 여름옷을 꺼내 입기도 한다. 우리나라의 꽃샘추위를 연상시키는 봄추위가 있다. 여기저기 연분홍 벚꽃과 색색의 튤립을 볼 수 있는 계절이다.
복장: 레인 재킷 등 얇고 바람이 잘 들지 않는 옷을 준비하자.

여름
7~8월의 여름 열기가 뜨겁다. 비가 자주 오고 덥다. 바닷가와 강가를 끼고 있어 습하고 뜨겁다. 한국보다 공기가 맑아 햇볕에 쉽게 그을린다. 선크림은 반드시 챙겨 발라야 한다.
복장: 여름옷, 우비

가을
브루클린의 가을은 눈부시게 아름답다. 프로스펙트 파크와 보태니컬 가든을 찾기 좋은 계절이다. 해가 점점 길어지고 하늘은 점점 높아진다. 가을 하늘과 바람은 그 어느 때보다 브루클린을 매력적인 도시로 만든다.
복장: 얇은 긴 팔 상의, 여름옷

겨울
브루클린의 겨울 날씨는 서울과 매우 비슷하다. 한마디로 춥다. 단 서울보다 눈이 많이 내린다. 많은 눈 때문에 지상으로 다니는 메트로 노선은 종종 운행이 중단된다. 눈 때문에 불편하지만 눈 때문에 가장 로맨틱한 크리스마스와 새해를 맞이할 수 있는 곳이기도 하다.

브루클린 여행에 유용한 사이트와 애플리케이션

Brooklyn Tourism / www.visitbrooklyn.org
브루클린 여행의 기본적인 정보를 얻을 수 있다. 브루클린의 명소와 함께 역사 여행을 할 수 있는 사이트 등을 소개한다. 브루클린 지역의 버스 노선도와 지도도 내려 받을 수 있다. 버로우홀 근처에 관광안내소도 함께 운영하고 있어 브루클린을 여행하고자 하는 여행자라면 한 번쯤 들르면 좋다.
Brooklyn Tourism and Visitors Center
209 Joralemon St. Ground Floor Brooklyn, NY NY 11201
(718) 802-3820
월~금 10:00~18:00 (토/일 공휴일 휴무)

프리윌리엄스버그 / www.freewilliamsburg.com
윌리엄스버그의 아트커뮤니티를 위한 첫 웹사이트인 프리윌리엄스버그는 1999년 한 개인이 만든 사이트다. 다양한 분야의 젊은 예술가들이 모여 계속 발전되어 왔다. 문화 공연, 전시는 물론 레스토랑과 바 등 다양한 지역 정보를 전한다.

wagmag / www.wagmag.org
전시, 공연, 행사 등의 정보를 망라한 사이트다. 브루클린 전 지역의 갤러리 위치는 물론 지역별로 전시, 공연 정보를 한눈에 볼 수 있다. 2001년 윌리엄스버그와 그린포인트의 아트커뮤니티를 중심으로 만들어진 사이트로 지금은 브루클린 전 지역의 예술 정보를 제공하고 있다. 지역별 목록 정보는 매월 업데이트되며 갤러리의 이름, 주소, 전시일정, 운영시간 등을 제공한다. 예술 문화에 관심이 많다면 체류 일정에 맞춰 꼭 확인해야 할 사이트다.

Yelp / www.yelp.com
한국에서 맛집을 찾을 때는 블로그 검색을 하듯이 뉴요커는 옐프를 이용한다. 가고자 하는 곳의 위치와 가격, 영업 시간 같은 상세 정보는 물론 사진과 평점, 생생한 리뷰로 믿을 수 있는 정보를 제공한다. 옐프의 리뷰는 아주 깐깐하게 관리되기 때문에 별점을 믿고 찾아가도 괜찮다. 검색은 주소와 상호, 또는 분위기나 카테고리별로 가능하며 현재 위치를 기반으로 한 검색도 유용하다. 인터넷 사이트는 물론 애플리케이션을 내려 받아 스마트폰에서도 사용할 수 있다. 현지인이 즐기는 장소를 찾는 데 안성맞춤이다.

travel
NEW YORK

Getting to Brooklyn

브루클린까지의 여정

뉴욕의 공항

인천공항에서 뉴욕으로 가는 비행기는 세 곳으로 향한다. 라구아디아(LaGuardia) 공항, 제이에프케이(JFK) 공항, 뉴어크(Newark) 공항, 그중에서 브루클린에서 가장 가까운 공항 JFK 공항을 선택하는 것이 좋다. 국내 국적기인 대한항공과 아시아나를 비롯하여 국제노선을 가진 대부분의 항공사를 이용해 뉴욕까지 갈 수 있다. 휴가철과 연말에는 성수기로 분류되어 항공료가 크게 오르므로 경유지를 선택하거나 프로모션을 활용하여 저렴한 항공권을 사는 것도 요령이다. 항공료 비교 사이트를 이용해 구매하는 것이 편리하다.

공항에서 시내로 이동

JFK 공항에서 시내로 이동하는 방법은 여러 가지가 있다. 한인 택시나 현지 택시를 이용할 수 있다. 이동하는 장소에 따라 요금이 달라지겠지만, 기본 $40 정도의 비용이 든다. 가장 저렴한 방법은 뉴욕 지하철(Subway)을 이용하는 것이다. 공항에서 A 트레인의 Howard Beach–JFK Airport 역까지 연결하는 무료 셔틀을 이용할 수 있다. A 트레인을 타면 브루클린 다운타운까지 30분 정도 걸린다. 금액권 사용 시 요금은 $2.50, 1회권은 $2.75이다. 체류 기간을 잘 따져 7일권, 30일권 등 정기권을 구매할지 결정하자.

미국 내에서 브루클린으로

미국 내 다른 지역에서 브루클린으로 오는 방법은 공항을 제외하면 모두 뉴욕을 거쳐서 들어온다. 42번가의 Port Authority와 34번가의 Pen Station이 그 관문이다. 42번가와 34번가 모두 MTA의 다양한 노선이 합류하는 지점으로 브루클린으로 편리하게 이동할 수 있다.

- 암트랙 AMTRAK

미국의 전 지역을 연결하는 암트랙은 맨해튼 34 번가 Pen Station을 드나든다. 미국의 동부, 서부, 남부 등 지역에 따라 30개의 노선이 운영되고 있다. 환승을 통해 미국 전 지역을 연결한다. 장거리 여행자를 위한 침대 칸은 물론 식당 칸까지 완비되어 있으며 전원도 사용할 수 있다. 기차 여행을 하는 동안 미국 남부 지역의 아름다운 풍경을 감상할 수 있다.

- 그레이하운드 Greyhound

그레이하운드를 이용하면 브루클린까지 이동할 수 있다. 단 이 또한 맨해튼에서 갈아탄다. 브루클린 버스 승차장은 호이트 스트리트(Hoyt St.)와 리빙스턴 스트리트(Livingston St.)가 만나는 곳에 있다. 동서부를 모두 연결하지만 3~4시간 정도의 거리일 때 추천한다. 숙소가 브루클린 버스 승차장과 멀다면 맨해튼까지는 그레이하운드를 이용하고 이후 이동은 지하철로 이동하는 것이 시간과 거리를 고려할 때 훨씬 현명한 선택이다.

- 메가 버스 Mega Bus

캐나다 동부 또는 미국 동부에서 뉴욕으로 저렴하게 이동하고 싶다면 메가 버스가 유용하다. 비행기보다 훨씬 저렴한 가격으로 뉴욕까지 이동할 수 있지만, 총 14시간이 걸린다는 점을 고려해야 한다. 요일과 시간에 따라 요금이 달라지므로 사전에 이동 시간 및 거리를 따져 선택하자. 인터넷으로 예약할 수 있고 출발 위치를 기준으로 뉴욕까지 가는 노선이 있는지 확인하자. 메가 버스도 물론 맨해튼에서 정차하며 지하철이나 버스를 이용해 브루클린으로 가야 한다. 캐나다 동부에서 이동한다면 본인의 체력을 점검하는 것도 필수이다.

Getting Around

브루클린 산책하기

"저는 맨해튼에서 브루클린까지 걸어갔어요! 별로 크지 않던 걸요!" 이 이야기는 딱 브루클린 브리지까지만 해당된다. 브루클린은 뉴욕 주에서 두 번째로 큰 자치구로 꼽힌다. 남북으로 긴 맨해튼과는 달리 남북은 물론 동서로도 넓게 뻗어 있다. 브루클린 전역을 걸어 다닐 생각이라면 큰코다친다는 소리다. 일부 지역은 걷는 것만으로 하루를 충분히 보낼 수 있다. 하지만 이 동네에서 저 동네로 제대로 다니려면 버스와 지하철을 적절하게 이용해야 한다. 또 다른 방법으로는 뉴욕 주가 야심차게 내놓은 시티바이크 (City Bike)가 있다. 하루 또는 일주일, 월 단위로 빌릴 수 있으며 버스나 지하철보다 훨씬 자유롭게 이동할 수 있다. 걷기, 대중교통 타기, 달리기 등 이 세 가지를 적절히 활용해 브루클린을 안방처럼 누벼보자.

On Foot
걷기

브루클린을 나누는 크고 작은 동네들은 걷지 않으면 놓치고 마는 것이 많다. 벽마다 가득한 그라피티와 작고 아담한 가게들이 바로 그것이다. 맨해튼의 휘황찬란한 불빛 아래서는 만날 수 없는 빈티지한 건물과 이 벽에서 저 벽으로 이어지는 그라피티에서 눈을 뗄 수 없다. 길을 걷다가 우연히 만나는 갤러리와 즐거운 사람들은 브루클린 걷기의 매력을 더한다. 100년이 넘는 건물들이 고스란히 보존된 그린포인트와 파크 슬로프, 포트 그린, 코블힐 등의 역사 지구는 첨단의 도시 뉴욕에도 이런 모습이 남아 있었나 하는 새로운 감회를 전해준다. 브루클린 강변을 따라 만들어진 크고 작은 공원과 브루클린 중심의 프로스펙트 파크에서도 힐링 뉴욕이라는 또 다른 얼굴을 만날 수 있다.

MTA
버스와 지하철

뉴욕의 버스와 지하철은 뉴욕 교통국에서 운영하는 MTA 시스템으로 통합되어 있다. 메트로 카드 한 장으로 뉴욕 내 버스와 지하철을 이용할 수 있다(고속버스 제외). 뉴욕 지하철 시스템은 악명이 높다. 심야 시간과 주말의 지하철은 사람이 많아서가 아니라 스케줄 때문에 지옥철이 된다. 그러므로 지하철 역내 여기저기 붙어 있는 알림을 반드시 확인하자. 매주 초, 주말과 심야 시간대의 노선과 시간 스케줄이 업데이트된다.
브루클린의 버스는 한 방향으로 가는 경우가 많다. 동서를 가로지르거나 남북을 가로지르는 식이다. 우리나라처럼 동서남북 마구 휘젓고 다니지 않기 때문에 노선을 이해하면 오히려 쉽게 다닐 수 있다.
1회 탑승: $2.50(지하철의 경우 Single Ride 권을 구매할 경우 $2.75이며 환승 불가)
정기권: 7일 $30, 30일 $112, 7일+고속버스 $55
정액권: $10 이후 원하는 금액만큼 충전해서 사용
정기권, 정액권 모두 새로운 카드를 구매할 때 $1가 붙는다. 기존의 카드를 가지고 있다면 카드 비용을 낼 필요 없이 기간과 금액 모두 연장 및 충전하여 사용하면 된다.
www.mta.info

City Bike
시티바이크

2013년 5월에 시작된 뉴욕의 시티바이크는 뉴욕의 극심한 차량 정체를 위한 해결책으로 설치되었다. 여행객에게 꽤 유용한 이동 방법으로 추천한다. 푸른색의 자전거가 즐비하게 줄지어 서 있거나, 자전거 주차장처럼 보이는 것이 바로 시티바이크. 신용카드로만 계산할 수 있으며 하루 또는 일주일 단위로 빌릴 수 있다. 다만 한 대의 자전거를 30분 이상 사용할 수 없다. 30분을 초과하면 30분까지는 $4, 60분부터는 $13를 더 내야 된다. 아무 생각 없이 종일 한 대의 자전거를 타고 이동했다가는 요금 폭탄을 맞게 된다. 목적지가 자전거로 30분이 넘는 거리라면 중간 지점의 자전거 스테이션에서 다른 자전거로 갈아타야 하는 단점이 있다. 이곳저곳 이동이 많은 여행자에게는 자전거로 이동 시간이 30분 미만인 경우에만 효율적이다.

24시간(24-hour pass): $9.95 / 7일권(7-days pass): $25
시간 초과 요금: 30분~60까지 $4 / 61분~90분까지 $13 / 91분 이후 매 30분 단위로 $12
http://a841-tfpweb.nyc.gov/bikeshare
홈페이지에서 시티바이크 스테이션과 스테이션별 자전거 잔여 수량 확인 가능

MTA NEW YORK CITY SUBWAY

Rail Map

BROOKLYN BUS MAP

Where is Post Williamsburg?
Bushwick

윌리엄스버그의 임대료가 맨해튼만큼 치솟기 시작하면서 사람들은 포스트 윌리엄스버그가 어디가 될 것인지 점치기 시작했다. 소호의 가난한 젊은이들이 첼시에서 다시 다리를 건너 윌리엄스버그에 자리를 잡기 시작한 지 십 수 년만의 일이었다. 불과 5~6년 전만 해도 찾아볼 수 없었던 외국인 관광객이 거리를 메우는 윌리엄스버그를 떠난 젊은이들이 다시 자리를 틀기 시작한 곳은 어딜까? 바로 부시윅이다.

부시윅은 뉴욕 내에서 가장 큰 히스패닉 계 이민자 커뮤니티를 형성하고 있는 지역이다. 한때 뉴욕에서 가장 빈곤한 지역으로 꼽히기도 했으며 우범지역으로 거론되기도 했다. 그러나 지금 부시윅의 중심인 제퍼슨 역을 빠져나와 거리에 나서는 순간 그 모든 이야기가 무색해진다. 벽과 벽으로 이어지는 거대한 그라피티와 골목골목 자리 잡은 작은 갤러리, 빈티지 감성으로 무장한 레스토랑과 카페를 만날 수 있다. 부시윅만의 독특한 길거리 분위기와 젊은 예술가의 실험 정신이 만나 윌리엄스버그와는 또 다른 매력을 발산한다.

물론 지금도 평일 낮의 부시윅은 한산하다 못해 정적마저 흐른다. 목요일 오후부터 문을 여는 갤러리와 식당이 많기 때문이다. 우스갯소리로 부시윅은 월요일부터 수요일까지는 공휴일이라고 할 정도이다. 하지만 목요일 밤부터 일요일까지 이어지는 젊은 열기는 브루클린 그 어느 지역 못지않다.

travel
NEW YORK

최근 5년간 가장 급격한 변화를 겪은 곳으로, 2011년 뉴욕의 한 경제지는 포스트 윌리엄스버그로 부시윅을 지목했다. 상대적으로 낮은 임대료와 브루클린 황금 열차라고 불리는 L트레인으로 연결되는 교통 편의성, 그리고 최근 몇 년간 이민자가 아닌 미국계 이주자의 유입 증가 등을 그 이유로 꼽았다.

젊은 예술가들의 공동체인 Silent Barn과 한 건물 전체가 갤러리로 가득한 Bogart 56, 크고 작은 가게와 갤러리를 한 장소에서 만날 수 있는 Shops는 부시윅의 단면을 가장 잘 보여주는 곳들로 브루클린에서 만드는 예술 작품과 일상의 사물이 어우러진 모습을 만날 수 있다. 브루클린 지역의 브랜드와 제품은 물론 직접 만든 수제품을 판매하는 Better than Jam, 오래된 타자기와 피아노와 나란히 앉아 커피를 마실 수 있는 Kave Espresso Bar, 오래된 철도 옆 바를 연상케 하는 Montana's trail house 등 새로운 핫 스팟이 속속 문을 열고 있다. 앞으로 윌리엄스버그만큼 유명해질 장소를 누구보다 먼저 만나보고 싶지 않은가? 그럼 부시윅으로 가라.

bushwickdaily.com
부시윅 관련 정보가 업데이트된다.
부시윅에서 일어나는 각종 뉴스는 물론 여행자를 위한 지역 정보를 얻을 수 있다.

How to Use This Book
이책 사용법

이 책에 게재된 정보는 2014년 9월부터 10월까지 취재한 것을 토대로 구성하였습니다. 도움을 준 현지인에게 감사를 표합니다. 가능한 한 정확한 정보를 실으려 노력했지만, 시간이 지남에 따라 영업 시간이 변경되거나 가게가 이전했을 가능성도 있습니다. 그럴 때는 함께 여행책을 만드는 동료라고 생각하고 kinfolk_@naver.com으로 연락주세요. truefun.co.kr에서 정보를 갱신할 예정입니다.

표기 규정
표기 중에 기재되지 않은 사항은 해당사항이 없기 때문이다.

※2 주소 표기에 관하여
Ave.→Avenue
St.→Street
B/T→between
Blvd.→Boulvard

※3 예상 요금
대체로 적당하다고 느껴지는 가격을 표시했다. 가게 대부분은 카드 사용이 가능하나 'BUY LOCAL'이라고 계산대에 써있다면 현금을 선호한다는 뜻이다.

$------$10 이내로 적당함(호텔은 1박에 약 $100 이하)
$$-----$25 정도로 상당히 만족스러움(호텔은 1박에 약 $150)
$$$---$50 정도로 부유한 기분(호텔은 1박에 약 $250)
$$$$--$50 이상으로 큰맘 먹고 내야 함(호텔은 1박에 약 $350)

• 레스토랑에서는 식대의 15~20% 정도의 팁이 매너다.
• 호텔은 객실 수에 따라 12.5%~14.5%의 숙박세가 붙는다.

Area Guide
지역별 특징

브루클린 지역은 크게 8개의 지역으로 나뉜다. 8개의 지역은 다시 수십 개로 크고 작게 나뉜다. 그중 여행자의 발길이 닿기에 좋은 곳은 총 세 지역으로 모두 맨해튼과 가까우며 대중교통으로 이동하기 편리하다. 다른 지역에 비해 안전한 것은 물론이다. 그러나 일부 지역은 아직도 늦은 밤에는 혼자 다니지 않는 것이 좋다.

Brooklyn North

윌리엄스버그 Williamsburg
다양한 예술커뮤니티와 힙스터 문화 그리고 인디 록의 허브로 불리는 윌리엄스버그. 베드퍼드 애비뉴를 중심으로 서쪽으로, 또는 남북으로 독특한 가게와 레스토랑, 카페가 즐비하다. 임대료가 폭등하면서 많은 예술가와 디자이너가 점점 밀려나고 있지만, 여전히 윌리엄스버그는 톡톡 튀는 매력으로 무장한 지역이다. 주말은 물론 평일 저녁에도 인근 지역과 맨해튼에서 몰려드는 젊은이로 붐빈다. 반면 콧대 높아진 윌리엄스버그는 아쉽게도 예전의 친근함을 잃었다. 관광객을 상대하는 상인의 까칠하고 도도한 눈빛을 마주하게 되더라도 당황하지 말 것!

그린포인트 Greenpoint
전통적인 폴리쉬, 이탈리안 지구로 알려진 그린포인트는 점점 세련된 모습으로 바뀌고 있다. 맨해튼 애비뉴에서 서쪽으로 뱅크 스트리트, 플랭클린 스트리트를 따라 걸어보자. 감성 가득한 빈티지 스타일의 가게부터 다양한 국적의 레스토랑이 새로운 경험을 선사한다.

부시윅 Bush Wick
부시윅은 아날로그와 힙스터의 핫 스팟으로 부상하고 있다. 하루가 다르게 바뀌는 그라피티와 독특한 분위기의 레스토랑과 바, 카페가 갈 때마다 기대된다. 젊은 작가들과 수십 명의 자원봉사자가 함께 운영하는 갤러리가 있는가 하면 공장 전체를 고쳐 만든 구제가게, 헌책과 레코드판이 빼곡한 아날로그 가게가 향수를 자극한다.

Brooklyn South East

덤보 DUMBO
브루클린 브리지와 맨해튼 브리지 사이의 작은 지역인 덤보는 뉴욕 예술가의 작업실이 모여 있는 곳이다. 매해 10월이면 '덤보 아트페스티벌'이 열려 수많은 사람이 찾는다. 작업실을 함께 볼 수 있는 갤러리와 독립출판 출판사, 전시와 판매 공간이 함께 있는 서점이 있는가 하면 브루클린 지역의 유명 로스팅 회사인 브루클린 로스팅 컴퍼니의 본점이 자리 잡고 있다. 작지만 알찬 지역!

포트 그린 Fort Green
포트 그린의 매력은 겨울을 제외하고 매주 열리는 벼룩시장과 팜마켓, 쿠바의 열정을 느낄 수 있는 카페 하바나, 포트 그린 파크에서 찾을 수 있다. 지중해부터 아프리칸 스타일까지 망라하는 다양한 음식 문화가 공존하는 곳이다. 토요일 아침부터 밤까지 하루를 꽉 채우고 싶다면 포트 그린이 제격이다.

프로스펙트 하이츠 Prospect Height
프로스펙트 하이츠는 작은 지역이지만 동시에 다양한 문화가 공존하는 곳이다. 1910년부터 1950년대까지 이탈리아, 아일랜드, 이스라엘, 독일, 그리스 민족이 들고났다. 서남쪽의 백인 부촌과 동쪽의 흑인 빈민가가 만나는 지점에 있어 백인과 흑인 문화가 공존하는 독특한 지역이다. 뉴욕 시는 이러한 다양한 문화의 혼재와 역사적인 가치를 인정해 2009년 역사 지구로 지정되었다.

Brooklyn South West

파크 슬로프 Park Slope
프로스펙트 하이츠 파크의 서쪽으로 파크 슬로브는 가장 오래된 역사 지구 중 하나로 유럽 이민자의 흔적이 고스란히 남아 있다. 브루클린 박물관과 도서관, 브루클린 뮤직아카데미(BAM)가 인접한 브루클린의 알짜배기 동네다. 공원과 박물관, 세월의 멋을 품은 유럽풍의 건물 사이를 걷노라면, 맨해튼의 번잡하고 번쩍이는 거리는 싸구려 같은 생각마저 든다. 맨해튼만큼 높은 임대료를 낼 만하다는 생각도 든다. 게다가 오랜 부촌답게 예의 좋고 여유로운 사람들도 파크 슬로브를 자주 찾게 만드는 이유 중의 하나이다.

보코카 Bococa
보럼힐(Boerum Hill)과 캐럴가든(Carroll Gardens), 코블힐(Cobble Hill)을 묶어 보코카라고 부른다. 보럼힐은 1840년대부터 1870년대의 건물이 역사 지구로 지정되어 보존되고 있고 동시에 애틀랜틱 애비뉴를 중심으로 형성된 상업지구가 맞물려 있다. 캐럴가든 또한 유명 인사들의 이름이 붙여진 거리와 정원, 건축물로 역사 지구로 지정되어 오래된 건물 사이 자리 잡은 상점들이 동네의 아기자기함을 더한다.

고와누스 Gowanus
1860년대부터 산업 및 운송의 중심지였다. 보코카 지역이 주거지역으로 일상의 냄새가 짙다면 고와누스 지역은 강변을 따라 들어선 운송 업체와 제조업 공장을 볼 수 있다. 실제로 고와누스 운하의 영향으로 뉴욕에서 가장 오래된 개폐식 다리들을 볼 수 있는 곳이기도 하다. 산업 단지의 특성과 점차 늘어나는 유입 인구로 서서히 변하고 있는 곳 중 하나다.

레드 훅 Red Hook
맨해튼 남쪽의 스카이라인과 자유의 여신상을 볼 수 있는 레드 훅은 최근 들어 개성 만점인 가게가 하나둘 늘어나면서 뉴욕 시의 새로운 핫 플레이스로 주목 받고 있다. 이스트 리버와 바다가 만나는 지리적 위치로 해양산업지구였던 이미지를 벗고 뉴요커의 새로운 휴식처로 거듭나고 있다. 대중교통으로 찾기엔 다소 불편함이 있지만, 월 스트리트 11번 부두에서 출발하는 워터 택시를 이용하면 더욱 로맨틱한 하루가 될 것이다.

브루클린 하이츠 Brooklyn Height
1830년부터 전형적인 브루클린 빌리지로 여겨지던 곳이 1965년에는 뉴욕 시의 랜드마크 보존법에 의해 첫 번째로 보호받은 지역이기도 하다. 19세기 초반의 건축양식과 더불어 그리스와 고딕양식, 이탈리아의 브라운스톤으로 지어진 고풍스러운 건물이 이스트 리버를 따라 들어서 있다. 영화 '문스트럭', 드라마 '코스비 가족'의 무대가 된 지역이기도 하다.

다운타운 브루클린 Downtown Brooklyn
여러 노선의 지하철이 만나는 다운타운 브루클린은 이 지역 최대의 쇼핑지구이다. 풀턴몰을 중심으로 호텔과 레스토랑, 다양한 브랜드의 로드 숍이 들어서 있다. 맨해튼에서 볼 수 있는 거의 대부분의 브랜드를 만날 수 있으며, 줄을 서지 않아도 된다는 것이 최대 장점이다. 맨해튼에서는 줄을 서서 먹어야 하는 쉑쉑버거도 이곳에서는 바로 먹을 수 있다. 한가롭게 브랜드 제품 쇼핑을 즐기고 싶다면 다운타운 브루클린으로 가자.

travel
NEW YORK

THE CITY,
Manhattan

뉴요커는 맨해튼을 'CITY'라고 부른다. 즐비한 높은 빌딩숲이 보이기 시작하면 비로소 '여기가 바로 뉴욕이구나'하는 감동이 밀려온다. 세계 제일의 도시, 뉴욕. 이곳에는 즐거운 것이 넘쳐난다. 자세히 소개하려면 책 한 권으로는 부족할지도 모른다. 이 책에서는 뉴욕에 간다면 꼭 빼놓을 수 없는 맨해튼의 몇 곳을 소개하려 한다.

뉴욕 주 맨해튼
설립 • 1624년
인구 • 1,601,948명
면적 • 87.46 km^2

travel
NEW YORK

Area Guide
지역별 특징

사람들은 휴식을 취하기 위해 뉴욕으로 떠나지 않는다. 뉴욕의 거리는 부지런히 길을 걷는 사람으로 항상 넘쳐 난다. 뉴욕의 호텔은 좁고, 물가는 비싸며 게다가 세계 제일의 대도시답게 사람의 혼을 쏙 빼놓을 정도로 번잡하다. 하지만 그래도 많은 사람은 뉴욕을 찾는다.

맨해튼은 뉴욕을 찾는 사람이 절대 빼놓을 수 없는 곳이다. 관광객으로 넘쳐나는 타임스퀘어와 센트럴 파크, 메트로폴리탄 박물관, 미국 자연사 박물관을 피해 뉴욕 현지인이 즐겨 찾는 곳으로 발걸음을 돌려보자. 이스트 빌리지 보다는 웨스트 빌리지, 소호보다는 트라이베카로 가자. 종일 돌아도 다 볼 수 없는 메트로폴리탄 박물관보다는 클림트와 에곤 실레의 작품을 만날 수 있는 작고 아담한 누 갤러리에서 더욱 크게 감동받을 것이다.

travel
NEW YORK

Area Guide
지역별 특징

맨해튼 지역은 크게 9개의 지역으로 나뉜다. 맨해튼에는 유명한 랜드마크, 관광지, 박물관, 대학교가 많다. 맨해튼은 뉴욕과 뉴욕 대도시권의 중심지이며 비즈니스, 엔테테인먼트 활동의 중심지이기도 하다.

Uptown
업타운
맨해튼의 가장 큰 매력은 역시 센트럴 파크이다. 업타운은 센트럴 파크를 포함한 최고의 지역이다. 클래식한 보수주의자가 사는 곳이 업타운이다.

Midtown
미드타운
뉴욕이 처음인 사람이라면 당연히 가봐야 할 곳이 모여 있다. 도시 한가운데에 우뚝 서 있는 엠파이어 빌딩, 아름답게 강 쪽을 향해 빛나는 크라이슬러 빌딩, 초고층 건물 등 여러 건물로 구성된 복합 시설인 록펠러 센터 등은 이곳이야말로 뉴욕이라는 느낌을 준다.

Union Square
유니온 스퀘어
몇 개의 지하철 노선이 교차하는 유니온 스퀘어는 미국다운 매력의 대형 상점이 이곳저곳에 있다.

Bowery
바우어리
뉴욕에서도 빈민지구로 유명했던 곳이나 현재는 낮은 임대료 덕에 새로 문을 여는 가게가 많아져서 활동적인 곳으로 변했다.

Soho
소호
누가 뭐래도 쇼핑하면 소호다. 천천히 거리를 거닐며 마음에 드는 가게를 찾아보자.

West Villiage
웨스트 빌리지
감각적인 뉴욕만의 디자인을 보고 싶다면 웨스트 빌리지가 적격이다. 6번가의 서쪽 14th St.의 남쪽 지역인 이곳은 현재 뉴욕에서 가장 주목받는 거리이다. 이스트 빌리지가 20대 초중반이 찾는 곳이라면 웨스트 빌리지는 20대 후반부터 30대가 즐겨 찾는 곳이다. 이스트 빌리지보다 덜 시끄럽고 소호보다 감각적이며, 관광객보다는 현지인이 사랑하는 거리다. 갠지버러 호텔을 중심으로 세련된 가게만큼이나 멋진 뉴요커가 북적거린다. 진정한 뉴욕의 밤 문화를 즐기고 싶다면 금요일이 아닌 목요일 밤에 찾을 것!

Tribeca
트라이베카
트라이베카는 성공한 유럽 이주민이 거주하는 곳이라 할 수 있다. 과일과 채소, 유제품 등을 도매로 판매하던 거리가 1980년대 개발되면서 고급 레스토랑이 들어선 고급 주택가로 탈바꿈했다. 트라이베카를 걷다보면 심심치 않게 할리우드 스타를 만날 수 있다. 길모퉁이에서 유명 영화배우와 마주치면 가벼운 눈인사를 나눌 수 있는 곳이다. 관광객이 아닌 현지인처럼 햇살을 받으며 브런치를 먹기에는 트라이베카가 딱 어울린다. 매해 봄에는 트라이베카 영화제가 열린다. 2002년 로버트 드니로와 마틴 스콜세지 등이 모여 만든 영화제 이후로 수많은 스타의 행렬이 이어지고 있다.

Chinatown
차이나타운
시내 남동쪽에 자리 잡은 차이나타운은 여행 중 동양의 맛을 보고 싶을 때면 꼭 들리게 되는 곳이다. 저렴한 가격이 주머니가 가벼운 여행자에게 안성맞춤이다.

Lower East Side
로워 이스트 사이드
맨해튼의 남동쪽 끝 지역으로 다리를 건너면 바로 브루클린이다. 스트리트 컬처가 뿌리 내린 지역이다.

travel
NEW YORK

센트럴 파크 재클린 케네디 오나시스 저수지

Central Park
Jacqueline Kennedy Onasis Reservoir

뉴욕 센트럴 파크에 있는 저수지로 면적은 43ha이며, 센트럴 파크에서 가장 큰 규모의 호수이다. 저수지 주위는 2.5km의 조깅 트랙으로 조성되어 있다. 뉴욕을 배경으로 한 영화나 드라마를 보면 뉴요커들은 너무나 당연하다는 듯이 센트럴 파크를 달리고 또 달린다. 뉴욕에 간다면 한 번쯤은 영화의 주인공처럼 가벼운 운동복 차림으로 센트럴 파크를 달려보는 것은 어떨까?

information
-
Central Park Jacqueline Kennedy Onassis Reservoir
센트럴 파크 재클린 케네디 오나시스 저수지
5th Ave. at 90th St. NY in Central Park
1:00~6:00

travel
NEW YORK

미국 자연사 박물관

American Museum Of Natural History

동물 박제, 등신대 모형, 우주의 신비, 그리고 공룡 화석이 엄청난 비주얼로 전시되어 있는 박물관이다. 유년 시절로 돌아가 '와 대단하다', '와 진짜 크다'라는 감탄사를 어느새 내뱉고 있는 자신을 발견하게 될 것이다. 거대한 코끼리, 티라노사우루스 등이 기다리고 있다. 이곳에서는 하루가 짧게 느껴질 것이다.

information

American Museum Of Natural History
미국 자연사 박물관
(212) 768-5100
100:~17:45 (연중무휴)

travel
NEW YORK

롭 보트하우스 센트럴 파크

The Loeb Boathouse Central Park

믿기지 않겠지만, 센트럴 파크 안에 있는 레스토랑이다. 저수지에서 남쪽으로 10블록 정도 아래에 있는 연못 주변에 클래식한 보트하우스가 있다. 우아하게 뉴욕다운 식사를 즐기고 싶다면 망설일 필요 없이 바로 이곳이다. 혼자라면 바에서 칵테일 한 잔을 홀짝이며 뉴욕의 분위기를 즐기는 것도 좋다.

information
-
The Loeb Boathouse Central Park
롭 보트하우스 센트럴 파크
East 72nd St. and 5th Ave.
(212) 517-2233

웨스트사이더 레어 & 유즈드 북스

Westsider Rare & Used Books

센트럴 파크 근처의 서점에 들리자. 2층 건물의 서점 안에는 장르별로 헌책이 잔뜩 진열되어 있다. 빼곡한 책장과 종이상자 종이로 만든 인덱스 등 독특한 느낌이 좋다. 사진집, 레코드, 비디오테이프 등도 갖추고 있다.

information
-
Westsider Rare & Used Books
웨스트사이더 레어 & 유즈드 북스
2246 Broadway New York, NY
(212) 362-0706

travel
NEW YORK

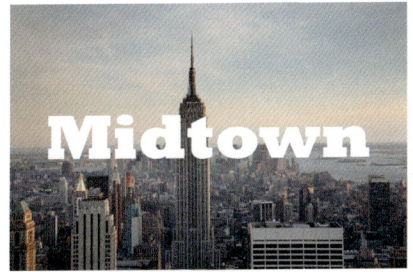

엠파이어 스테이트 빌딩
The Empire State Building

350 5th Ave. New York, NY
(212) 736-3100
8:00~2:00

크라이슬러 빌딩
Chrysler Building

405 Lexington Ave. New York, NY
(212) 682-3070

록펠러 센터
Rockefeller Center

45 Rockefeller Plaza, New York, NY
(212) 332-6868
8:00~24:00

스카이 락
The Skylark

뉴욕의 야경을 만끽할 수 있는 칵테일 바
30th Floor, 200 W 39th St. New York, NY
(212) 257-4577
16:30~2:00, 토일은 품절될 때까지

2 브로스 피자

information

2 Bros Pizza
2 브로스 피자
557 8th Ave. New York, NY
(212) 564-2733
24시간 영업, 연중무휴

뉴욕 거리에는 단돈 $1짜리 피자 가게가 많다. 그중에서도 가장 인기가 많은 가게로 항상 사람들로 붐빈다. 아주 맛있지는 않아도 때때로 먹고 싶어지는 맛이다.

할라 가이즈

information

The Halal Guys
할라 가이즈
1300–1318 Ave. of the Americas, NY
10:00~4:00, 금·토~5:00, 연중무휴

오피스 거리 한가운데에 항상 줄을 만드는 곳이 있다. 대부분 사람이 주문하는 것은 오버라이스로 사프란 라이스 위에 고기와 피타빵, 양상추, 사워크림을 듬뿍 올린 것이다. 한 번 먹으면 멈출 수 없을 정도로 맛있다. 게다가 가격도 $6로 아주 저렴하다.

travel
NEW YORK

스트랜드 북 스토어
Strand Book Store

스트랜드 북 스토어는 뉴욕의 자랑인 대형 서점이다. 지하 1층부터 지상 3층으로 이루어진 서점으로 가게 밖까지 책으로 넘쳐난다. 헌책, 희귀본, 새 책이 잘 진열되어 있다. 게다가 가격도 다른 곳보다 훨씬 싸다. 뉴욕이 자랑하는 작가 폴 오스터의 토크쇼를 여는 등 여러 문화 활동도 활발히 열리고 있다. 뉴욕에서 책을 산다면 이곳을 꼭 들러보자.

information

Strand Book Store
스트랜드 북 스토어
828 Broadway, New York, NY
(212) 473-1452
9:30~22:30, 일 11:00~22:30(연중무휴)

유니온 스퀘어 그린마켓

유니온 스퀘어 역에서 내리면 바로 유니온 스퀘어 파크다. 푸른 하늘 아래 시간을 유유자적하게 보내는 사람들이 모여 있는 공원이다. 주에 4일은 파머스 마켓이 열려서 뉴욕 근교 농부가 가져온 신선한 채소와 우유, 꽃, 수제 음식 등을 볼 수 있다. 규모는 도시 내에서 제일 크다.

information

Union Square Greenmarket
유니온 스퀘어 그린마켓
East 17th St. New York, NY / (212) 788-7900
8:00~18:00, 월·수·금·토만 영업

베드 배스 & 비욘드

상품이 천장까지 높이 쌓여 있다. 이곳은 뉴욕에 이사 오면 제일 먼저 들여야 할 대형 생활용품 가게다. 부엌, 욕실, 화장실, 각종 수납 용품과 식품이 잔뜩 진열되어 있다. 대량으로 물건을 구매한다면 반드시 들려야 할 곳이다.

information

bed bath & beyond
베드 배스 & 비욘드
620 6th Ave. New York, NY / (212) 255-3550
8:00~21:00, 연중무휴

뉴 뮤지엄

New Museum

바우어리의 랜드마크는 2007년 문을 연 뉴 뮤지엄이다. 뉴 뮤지엄은 1977년 뉴욕 휘트니 뮤지엄 출신의 마르시아 터커가 세운 컨템퍼러리 미술 전문 미술관이다. 전시뿐만 아니라 공연장, 극장, 카페, 학습실, 이벤트 공간이 있어 많은 사람의 사랑을 받고 있다.

information

New Museum
뉴 뮤지엄
235 Bowery, New York, NY
(212) 219-1222

새터데이즈 서프 NYC

Saturdays Surf NYC

소호를 대표하는 가게로 서핑 용품을 전문적으로 판매한다. 국내에서는 쉽게 접할 수 없는 다양한 브랜드의 여러 가지 상품을 구경할 수 있다.

information
-
Saturdays Surf NYC
새터데이즈 서프 NYC
31 Crosby St. New York, NY
(212) 966-7875
10:00~19:00 연중무휴

블랙 시드

손님이 많기로 유명한 카페 '스마일'과 샌드위치 가게 '마일엔드'가 손을 잡고 시작한 베이글 가게로 가게 안에는 화덕이 있어서 베이글을 직접 굽는다.

information
-
Black Seed
블랙 시드
170 Elizabeth St. New York, NY / (212) 730-1950
7:00~16:00 연중무휴

나이키랩 M21

나이키의 새로운 콘셉트의 상점. 재이용 가능한 집기 등 최신 테크놀로지를 체험할 수 있는 공간이다. NikeLab만의 상품도 판매하고 있다.

information
-
NikeLab M21
나이키랩 M21
21 Mercer St. New York, NY / (212) 226-5433
11:00~19:00, 일 12:00~, 연중무휴

travel
NEW YORK

가버 하드웨어

Garber Hardware

하드웨어 가게지만 그냥 지나칠 수 없는 곳이다. 1884년부터 계속 이어져 온 가게로 지역 주민의 신뢰를 받고 있다. 열쇠를 잃어버리거나 문이 고장 났을 때 등 곤란한 일이 생기면 모두 이곳으로 달려온다. 여행객은 멋진 디자인의 아메리칸 잡화를 구매할 수 있다. 공구는 물론, 가드닝, 세탁용품 등 뭐든지 있다.

information
-
Garber Hardware
가버 하드웨어
710 Greenwich St. New York, NY
(212) 242-9807
8:00~20:00, 금·토 ~17:00, 일 10:00~16:00, 연중무휴

레프트 뱅크 북스

Left Bank Books

2010년에 문을 열었다는 것이 믿기지 않을 정도로 지역에 스며든 서점이다. 희귀본 딜러였던 주인의 안목으로 꾸며진 서점 내에는 보물 같은 책이 잔뜩 있다.

information
-
Left Bank Books
레프트 뱅크 북스
17 8th Ave. New York, NY
(212) 924-5638
10:00~22:00, 일~화 ~20:00
연중무휴

베스트 메이드 코

Best Made Co.

아웃도어 전문 매장이다. 암벽부터 아웃도어에 관한 여러 물건이 장식되어 있는 재미있는 가게이다. 주인이 직접 상품을 사용해보고 애정을 담아 판매한다.

information

Best Made Co.
베스트 메이드 코
36 White St. New York, NY
(646) 478-7092
12:00~19:00, 일 ~18:00, 연중무휴

시놀라

Shinola

디트로이드에서 생산하는 시계 브랜드 시놀라는 그들의 정체성인 '메이드 인 U.S.A'를 고집하며 미국 생산 제품만으로 가게를 채웠다. 미국 브랜드에 관심이 많다면 꼭 한 번 들러보자.

information

Shinola
시놀라
177 Franklin St. New York, NY
(917) 728-3000
11:00~19:00, 일 ~18:00, 연중무휴

travel
NEW YORK

스퀘어 디너

Square Diner

　스퀘어 디너는 맨해튼에 단 5채만 남아 있는 귀중한 Stand-alone 타입의 건물이다. 원하는 종류의 빵, 사이드 메뉴를 선택하고 원하는 스타일의 달걀 요리를 선택해서 한 접시의 아침 식사를 즐길 수 있는 곳으로, 전형적인 아메리칸 스타일의 아침을 즐길 수 있는 곳이다.

information
-
Square Diner
스퀘어 디너
33 Leonard St. New York, NY
(212) 925-7188
6:00~21:00, 토·일 7:30~16:00

스파이시 빌리지

Spicy Village

　차이나타운에서도 안쪽에 있는 하남성의 도작면 전문점이다. 심이 있는 두꺼운 넓적면에 사천 고추가 듬뿍 들어 있다. 거기에 뼈가 붙은 닭과 감자의 스파이시 스튜가 어우러져 한방이 있는 한 그릇이 된다.

information
-
Spicy Village
스파이시 빌리지
68 Forsyth St. New York, NY
(212) 625-8299
11:00~23:00, 일요일 휴무

온니 NY
ONLY NY

원래는 온라인에서만 판매했지만, 2012년에 처음으로 오프라인 점포를 오픈했다. 심플하면서도 깔끔한 디자인의 옷을 만날 수 있다.

information
-
ONLY NY
온니 NY
176 Stanton St. New York, NY
(646) 649-5673
12:00~20:00, 일 ~19:00, 연중무휴

카츠 델리카트슨
Katz's Delicatessen

잠자코 패스트라미 샌드위치를 주문하자. 한입 깨무는 순간 '맛있어!'라고 외칠 것이다. 고기의 양이 무려 350g이나 된다.

information
-
Katz's Delicatessen
카츠 델리카트슨
205 East Houston St. New York, NY
(212) 254-2246
8:00~22:45, 목~2:45, 금 8:00~24:00
토 24시간 영업, 일 0:00~22:45, 연중무휴

그밖에 뉴욕에서 가볼 만한 장소

첼시 워터사이트 파크 &
워싱턴 스퀘어 파크

Chelsea Waterside Park & Washington Square Park

자유의 여신상을 볼 수 있는 배터리 파크와 뉴욕의 허파라고 불리는 센트럴 파크 말고 정말 현지인들이 가는 공원은 어디에 있을까? 팍팍한 일상을 마무리하는 한잔을 하는 곳, 또는 소소한 산책을 즐기는 곳은 따로 있다. 맨해튼의 서쪽, 허드슨 리버와 마주한 첼시 워터사이트 파크(26th St.)에는 일몰을 바라보며 하루를 마무리하는 뉴요커로 붐비는 선상 바 Flying Pan이 있다. 뉴요커의 명소로 평일에도 길게 늘어선 줄을 볼 수 있다(3월부터 10월까지 운영). 물론 반려견과 강가 공원을 산책하며 느긋한 저녁 시간을 즐기는 사람도 많다.

워싱턴 스퀘어 파크는 추운 겨울을 제외하고는 이른 저녁 공연을 즐길 수 있는 곳이다. 관광객이 떠난 자리에 편한 차림으로 마실 나온 뉴요커 틈에 섞여보자. 대중음악부터 클래식까지 다양한 거리 공연과 함께 한가로운 뉴욕의 저녁을 즐길 수 있다.

travel
NEW YORK

뮤지엄 마일

Museum Mile

박물관과 갤러리가 이어지는 5번가(5th Ave.)를 일컬어 뮤지엄 마일이라고 한다. 그 중심에는 세계 4대 박물관으로 불리는 메트로폴리탄이 있다. 하지만 하루를 꼬박 돌아도 제대로 볼 수 없는 것이 또 메트로폴리탄이다. 수백만 점에 이르는 전시물은 물론 때때로 열리는 특별전까지 현지인처럼 메트로폴리탄을 볼라치면 생각날 때마다 찾아야 한다. 한정된 시간에 더욱 감동적인 뮤지엄 마일을 기억하고 싶다면 독일과 오스트리아의 순수미술과 장식미술을 전시하는 누 갤러리(Neue Galerie)를 추천한다. 뮤지엄 마일에서 가장 아름다운 건물 중 하나로 손꼽히는 누 갤러리에서는 구스타프 클림트와 에곤 실레의 습작들을 감상할 수 있다. 강철왕 카네기의 집을 개조해 만든 쿠퍼 휴잇 미술관도 가볼 만하다. 미국 최대 규모를 자랑하는 디자인 미술관으로 현대 디자인을 공부하는 사람이라면 놓쳐서는 안 될 곳이다. 뮤지엄 마일과는 별개로 미국의 조각가 조지 그레이 버나드가 수집한 프랑스 중세 수도원의 유물과 록펠러 2세가 소장하고 있던 중세 미술품을 전시하고 있는 클로이스터스도 가보자. 첨단의 도시 맨해튼의 북쪽 끝에서 뜻하지 않은 중세를 만날 수 있을 것이다.

EAT

먹기

　뉴욕에 한때 불어 닥친 유기농과 채식 열풍은 누구나 아는 이야기다. 그렇다면 과연 이 열풍에 누구나 동참했을까? 단언컨대 흐름이었을 뿐 모두가 열광하는 신드롬과는 먼 이야기였다. 바르고 건강한 먹거리에 대한 관심이 높은 것은 사실이다. 높은 임대료와 생활비에 진저리를 치며 브루클린에 둥지를 튼 젊은이에게 주머니를 털어가며 웃돈을 주어야 하는 값비싼 레스토랑의 메뉴는 남의 동네 이야기였을 뿐이다. 브루클린의 유기농과 채식주의는 트렌드와 콘셉트로 포장한 값비싼 레스토랑이 아닌 다른 방법으로 사람들에게 다가섰다. 뉴욕과 인근 지역에서 재배한 신선한 먹거리들이 팜마켓(그린마켓)에서 저렴한 가격으로 소비자를 만나고, 브루클린 지역의 식당들은 주말이면 한 곳에 모여 문을 여는 푸드마켓으로 맛을 알린다. 한편 세계 각국에서 모여든 이민자가 문을 연 식당들이 다양한 외식문화를 형성하고 있는 것도 브루클린의 매력이다. 길을 걷다 만나는 이국적인 이름과 맛의 식당을 도장 깨기 심정으로 하나둘 찾아가는 기쁨이 있다.

음식의 본질을 묻다

FARM MARKET

Smorgasburg At Brooklyn Flea Food Market
스모개스버그 브루클린 프리 푸드 마켓

가장 핫한 맛이 모이는 푸드 페스티벌

요즘 브루클린에서 가장 핫한 메뉴, 뜨는 음식을 알려면 어디로 가야 할까? 바로 4월부터 11월까지 주말마다 열리는 스모개스버그 프리 푸드 마켓이다. 토요일에는 이스트 리버 스테이트 파크에서, 일요일에는 브루클린 브리지 파크로 자리를 옮겨가며 100여 개의 벤더(벼룩시장 참여 업체)가 다양한 메뉴를 판매한다. 판매대 앞에 이어지는 긴 줄만 찾아도 최신 트렌드가 무엇인지 바로 알 수 있다. 전형적인 미국 메뉴부터 남미, 유럽 아시아까지 아우르는 다양한 메뉴에 뭘 먹어야 할지 행복한 고민을 하게 된다. 구경만 해도 배가 부른 느낌이겠지만 새로운 음식에 도전해보는 것도 스모개스버그의 재미다. 그중에서도 가장 인기 있는 것은 라멘버거다. 익힌 라면 면발을 뭉쳐 기름에 구운 뒤, 고기 패티에 데리야키 소스를 뿌려 끼워준다. 쫀득한 라면의 식감과 고기의 육즙이 브루클린의 입맛을 사로잡은 비결이다. 그 외에도 브루클린의 명물인 브루클린 로스팅 컴퍼니의 커피, 레드 훅 랍스터의 랍스터 롤, 뉴욕스타일 빙수 피플팝 등을 한 곳에서 만날 수 있다.

NEW YORK | EAT
FARM MARKET

— 일본식 라멘을 버거번으로 사용한 라멘버거, $10

— 뉴욕스타일 빙수 피플펍, $2.50

information
-
**Smorgasburg at
Brooklyn Flea Food Market**
스모개스버그
브루클린 프리 푸드 마켓
매주 토요일
4월~11월까지 11:00~18:00
East River State Park / 90 Kent
Ave. at N7St.(L Train / Bedford)
매주 일요일
9월~매해 바뀜 11:00~18:00
Brooklyn Bridge Park Pier5 /
Joralemon St.
운영 기간과 장소가 바뀔 수 있으
므로 아래의 사이트를 통해 꼭 정
보를 확인할 것
www.smorgasburg.com
MAP P.245-33

NEW YORK | EAT
FARM MARKET

FORT GREENE PARK GREENMARKET
포트 그린 파크 그린마켓

일 년 내내 매주 토요일이면 유럽풍의 건물과 포트 그린 파크 사이에서 농산물 시장이 열린다. 뉴욕 주와 뉴저지 주 등 인근 유명 농장에서 재배한 싱싱한 먹거리가 가득하다. 뉴욕 인근에서 재배하고 생산된 농수산물만을 판매해 유통 이윤을 줄인 탓에 싱싱한 농수산물을 더욱 저렴하게 구매할 수 있어 인기가 높다. 물론 유기농 제품도 저렴하게 살 수 있다. 특히 뉴욕 북쪽의 유명 유기농 농장인 오렌지카운디 블랙더스트의 제품은 언제나 인기 만점이다. 계절의 변화에 따라 제철 농산물이 주를 이루는 것도 눈여겨 볼만하다. 자연 친화적인 농법으로 재배했으니 믿고 먹을 수 있는 먹거리에 관심이 많은 뉴요커에게는 안성맞춤이다. 맨해튼에서 먼 길을 마다치 않고 찾아오는 사람도 많으며 유명 레스토랑의 셰프도 장을 보러온다고 한다.

브루클린 지역의 크고 작은 팜마켓 중 일 년 내내 문을 여는 곳은 많지 않다. 규모나 크기, 다양성 면에서 포트 그린 파크 그린마켓만 한 곳이 없다. 7~8월에는 야외 공연이나 아이들을 위한 농산물 교육 등 다양한 이벤트를 진행한다.

뉴욕 식탁에 오르는 먹거리를 구경하거나 달콤한 과일 한 입 베어 물고 싶다거나, 또는 할 일 없는 주말 신선한 일정이 필요할 때 포트 그린으로 가자.

FARM MARKET

— 유기농 채소를 종류별로 만날 수 있다.

— 뉴요커 식탁에 오르는 다양한 식재료를 만날 수 있는 가장 좋은 기회

information

FORT GREENE PARK GREENMARKET
포트 그린 파크 그린마켓
Washington Park B/T Dekalb St. & Willoughby St.
L 트레인 / 포트 그린, C 트레인 라파에트 스트리트
매주 토요일 8:00~16:00
MAP P.249-49

FARM MARKET

그린마켓 인 브루클린

1976년 비영리단체이자 사회적 기업인 GROW NYC가 처음 시작한 유니온 스퀘어 팜마켓은 이미 맨해튼의 명소가 되었다. 주말이면 많은 관광객이 뉴요커의 먹거리를 구경하고 즐기기 위해 모여든다. 그린마켓은 먹거리 공급처의 역할 뿐 아니라 생산자와 소비자가 직접 소통하는 장으로 사랑받고 있다. 소비자에게 안전하고 신선한 농산물을, 농부에게는 더 많은 수익을 안겨주는 건강한 구조의 시장은 우리네 시골 장터와 다르지 않다. 합리적인 유통 구조와 경제적인 소비를 주도하는 시장으로서 지역 경제에도 이바지하고 있다. 초기 맨해튼에 국한되던 그린마켓은 현재 뉴욕 주 5개의 모든 자치구에서 활발하게 운영되고 있다. 브루클린의 그린마켓의 수는 총 13개로 뉴욕과 롱아일랜드, 뉴저지, 펜실베이니아 등 5개 주, 230여 농가가 참여한다.

Green Market In Brooklyn

FARM MARKET

Brooklyn Greenmarket information
브루클린의 그린마켓 정보

www.grownyc.org
(기간을 명시하지 않은 그린마켓은 일 년 내내 운영하는 곳)

Mc Carren Park
맥캐런 파크
Driggs & Union St.
매주 토요일 8:00~15:00

Willamsburg
윌리엄스버그
Roebling & South 9 St.
7월 10일~11월 20일까지
매주 목요일 8:00~16:00

Fort Green Park
포트 그린 파크
Washington Parkway & Dekalb St.
매주 토요일 8:00~16:00

Borough Hall
버로우 홀
Court & Montague St.
매주 화, 목, 토 8:00~18:00

Carroll Gardens
캐럴 가든스
Carroll and Smith St.
매주 일요일 8:00~15:00

Grand Army Plaza
그랑 아미 플라자
Flatbush & Prospect Park West
매주 일요일 8:00~16:00

Barel-Pritchard Square
베럴-프리차드 스퀘어
Prospect Park West & 15 St.
3월~11월
매주 수요일 8:00~15:00

Windsor Terrace-PS154
윈저 테라스-PS154
11 Ave. – Sherman & Windsor Plaza
3월~12월
일요일 9:00~15:00

milk & roses
밀크 & 로지스

— 햇살과 신선한 공기가 가득한 밀크 앤 로지스의 파티오

아날로그의 미학으로 시작하는 하루

나른한 아침, 노트북 하나 들고 향긋한 커피 한 잔과 토스트 한 점으로 아침을 시작하고 싶을 때 안성맞춤인 곳으로 그린포인트에 자리 잡은 밀크 앤 로지스가 바로 그곳이다. 입구에 들어서자마자 보이는 붉은색 가죽 소파와 피아노 위에 겹겹이 쌓인 책과 한쪽 벽 가득히 꽂힌 책만으로도 흡족해지는 곳이다. 엄청나게 맛있는 아침으로 하루를 시작하고 싶다면 이곳은 접어두자. 홀 뒤의 정원에 테이블을 두는 것이 요즘 브루클린 식당의 트렌드. 밀크 앤 로지스 역시 넓은 정원에 원목 테이블과 의자를 두어 더욱 숨고 싶은 곳으로 만들었다. LP판을 틀어주는 것도 점수를 얹어주고 싶은 이유다. 밀크 앤 로지스에서 느림과 아날로그의 미학으로 아침을 시작하는 일, 참으로 멋지지 않은가?

NEW YORK | EAT
BREAKFAST

— 자연스럽게 우유 거품을 올린 라테

— 조용하고 여유로운 분위기 덕분에 노트북을 들고 와 작업하는 사람이 많다.

information

milk & roses
밀크 앤 로지스
1110 Manhattan Ave.
(718) 389-0160
B/T Dupont St. & Clay St.
in Greenpoint
G Train / Greenpoint Ave.
월~목 9:00~23:00
금 9:00~24:00
토 10:00~24:00
일 9:00~22:00
milkandrosesbistrotumblr.com
$$$ / MAP p.245-1

BREAKFAST

House of Small Wonder
하우스 오브 스몰 원더

**유럽 카페와 일본 플레이팅의
믹스매치 완결판**

— 직접 구운 크루아상에 과일, 시럽과 휘핑크림이 함께 나오는 브런치 메뉴. 크루아상 프렌치 토스트, $11

건물과 건물 사이 두 그루의 아름드리나무를 그대로 두고 문을 연 하우스 오브 스몰 원더는 분위기부터 남다르다. 마치 온실에 들어온 듯, 투명한 천정은 비 오는 날이면 톡톡 떨어지는 빗소리와 함께 운치를 더한다. 파란색으로 칠한 나무로 마감한 벽과 원목을 느낌을 그대로 살린 테이블도 따스한 느낌을 준다. 유럽 카페에서 영감을, 일본식 플레이팅에서 영향을 받았다고 한다. 말 그대로 자연스럽게 툭툭 얹어 내는 여느 미국 식당과는 다른 아기자기한 맛이 있다. 다양한 샌드위치와 샐러드가 주요 메뉴다. 양보다는 질을 외치는 만큼 푸짐하지는 않으나 양질의 치즈와 햄, 빵으로 만드는 브런치 메뉴는 눈부터 즐겁다. 하우스 오브 스몰 원더는 2011년 문을 열어 지금은 유럽스타일의 내부와 일본스타일의 플레이팅, 그리고 양보다 질이라는 경영 철학으로 윌리엄스버그의 명소가 되었다.

information

House of Small Wonder
하우스 오브 스몰 원더
77 N 6th St. / (718) 388-6160
B/T Wythe Ave. & Berry St. in Williamsburg
월~목 8:00~19:00 금 8:00~17:00 토~일 10:00~17:00
houseofsmallwonder.com
$$ / MAP p.245-39

BREAKFAST

Bakeri

— 말린 토마토와 페타치즈, 새싹을 넣은 샌드위치, $7

— 매일 매일 달라지는 오늘의 수프, 제철 채소와 콩 등을 넣어 만든다.

빵집에서 떠나는 시공간 여행

Bakeri(베이커리)는 노르웨이 말로 빵집이라는 뜻이다. 주인인 니나 브론드모가 노르웨이 출신이기 때문이다. 문을 열고 들어서면 내부는 스칸디나비아 스타일로 꾸며져 있어 북유럽으로 날아온 것 같지만 일하는 사람의 작업복은 1970년대의 미국 공장이 연상된다. 유럽에 온 것 같기도 하고 시간을 거슬러 1960~70년대 미국의 작은 빵집에 앉아 있는 것 같기도 같다. 내놓는 빵부터 가구까지 모두 손맛이 가득하다. 매일 굽는 빵과 샐러드, 샌드위치가 베이커리의 주 메뉴이며 진한 커피도 평이 좋다. 새벽 4시부터 그 날 판매할 빵을 굽고 아침 7시에 문을 연다. 인근의 레스토랑에서도 베이커리의 빵을 사러 올 정도로 맛이 좋다. 베이커리의 손님은 70%가 유럽인이다. 좁은 매장 안이 빵을 사거나 식사를 하려는 사람들로 언제나 붐빈다. 호젓하게 식사를 즐기고 싶다면 가게 앞의 테라스나 뒤의 정원에 자리를 잡자. 정원은 가정집 뒷마당처럼 아늑하다.

information
-
Bakeri
베이커리
150 Wythe Ave. / (718) 388-8037
B/T 8th St. & 7th St. in Williamsburg
L Train / Bedford Ave.
bakeribrooklyn.com
월~금 9:00~19:00 / 토~일 8:00~19:00
$$ | MAP p.245-2

tutu's

투투스

공장지대 한가운데 위풍당당 문을 연 식당

생뚱맞다. 이 말은 이럴 때 쓰는 것이다. 윌리엄스버그에서 부시윅으로 가는 길목, 공장지대 한가운데 위풍당당 문을 연 투투스, 정말 식당이라고는 있을 것 같지 않은 위치다. 그러나 막상 앉아보면 주변의 공장지대가 거대한 아날로그 갤러리처럼 느껴지는 것이 참 뜬금없으면서도 재미있는 기억이 될 것이다.

투투스는 하와이 말로 'granma', 우리말로는 할머니라는 뜻이다. 아니 할매 정도 되려나? 할매의 손맛과 정성으로 음식을 만들어 이웃 사람들이 편하게 찾는 식당이 되고 싶다고 한다. 할매가 만들어주는 미국식 식탁의 맛, Farmer's Breakfast Plate($14)와 House Burger($14)가 추천 메뉴다. 양이 넉넉하니 3명이 가면 메인 2개에 사이드 메뉴 1개를 주문하는 것이 좋다. 2명이 간다면 사이드 메뉴 1개에 햄버거를 선택하고 햄버거에 추가 메뉴를 얹어 주문하자.

NEW YORK | EAT
BREAKFAST

— 파프리카와 볶은 시금치, 토마토, 감자튀김, 달걀 등 푸짐한 미국 가정식, 파머스 블랙퍼스트 플레이트, $14

— 소고기 패티에 아루굴라(채소)와 볶은 양파, 아이올리 소스를 넣은 하우스 버거, $14

information

tutu's
투투스
25 Bogart St.
(718) 456-7898
B/T Varet St. & Rock St. in East Williamsburg, Bushwick
L Train / Morgan Ave.
월~목 11:00~01:00
금~토 11:00~04:00
일 11:00~01:00
tutusbrooklyn.com
$$ / MAP p.245-114

BREAKFAST

Almar
알마르

— 브리오쉬 토스트 위에 달걀을 구름처럼 얹은 에그 인 클라우드, $12

눈으로 먼저 먹는 브런치

세계에서 모여드는 사람의 숫자만큼 다양한 조리법과 식재료가 난무하는 곳, 개성 넘치는 메뉴로 가득한 곳이 뉴욕이다. 그만큼 경쟁이 치열하다는 뜻이다. 수많은 식당 중, 눈에 쏙 들어오는 브런치 메뉴로 인기몰이를 하는 알마르가 있다. 알마르의 에그 클라우드는 독특한 레시피로 완성된 비주얼만큼이나 맛도 좋다. 관광객으로 붐비는 브루클린 브리지 인근에서 현지인에게 인기 있는 식당을 찾기란 쉽지 않다. 인근의 예술가와 사무실에서 일하는 사람이 뿌듯한 한 끼를 채우러 오는 곳. 가격대도 저렴해서 그야말로 착한 가게다.

information

Almar
알마르
111 Front St. / (718) 855-5288
B/T Washington St. & Adams St. in DUMBO
Transit information F York St. and 2 more Stations
월~목 8:00~22:30 / 금 8:00~23:00
토 9:00~23:00 / 일 10:00~17:00
almardumbo.com
$ / MAP p.249-3

BREAKFAST

— 붉은 벽돌의 빈티지한 느낌 가득한 실내

Crepeteria
크레페테리아

달콤한 아침, 밥이 되는 크레페

information

Crepeteria
크레페테리아
614 Manhattan Ave. / (718) 389-7844
B/T Nassau Ave. & Driggs Ave. in Greenpoint
G Train / Nassau Ave.
월~목 8:00~10:00 / 금~토 08:00~11:00 / 일 9:00~9:00
crepeteriabk.com
$$ / MAP p.245-14

크레페를 단순히 디저트 메뉴로만 생각했다면 오산이다. 다양한 재료를 넣어 만든 크레페는 아침 식사로 적당하다. 그린 포인트에는 폴란드 음식점, 폴란드 식료품점, 폴란드 책만 파는 서점까지 있다. 하지만 다른 유럽의 이민자도 한 자리를 차지하고 있어 다양한 스타일의 유럽 식당을 볼 수 있다. 크레페테리아도 그중 하나다. 보헤미안 스타일의 정원과 브라운스톤으로 마감된 홀에서 정통 프랑스 스타일의 크레페를 맛볼 수 있다. 진한 이탈리안 커피와 100% 생과일, 채소 주스도 주력 메뉴다. 크림과 과일로 범벅된 크레페보다 마요네즈와 감자 버섯을 넣은 색다른 크레페를 식사용 메뉴로 선택해보자. 낯선 메뉴의 음식점에 갔을 때는 오래 공들여 메뉴를 선택해도 낭패를 보기 쉽다. 이럴 때는 물어보는 것이 답이다. 본인의 취향을 말하면 그에 맞는 크레페를 친절하게 추천해 준다는 말씀!

— 과일부터 햄까지 다양한 속 재료를 골라 주문할 수 있는 크레페, $6~8

BREAKFAST

Cheryl's Global Soul
쉐릴스 글로벌 소울

_ 브루클린을 배경으로 한 사진 작품과 그림을 감상할 수 있다.

누가 먹어도 맛있는 한 끼

아프리카 사람이 먹는 음식을 소울 푸드라고 부른다. 먼 이국땅에 노예로 팔려와 고향의 음식을 먹으며 고된 일상을 견뎠기 때문이다.

그 말에서 가져온 글로벌 소울, 메인 셰프 쉐릴은 음식을 소울이라고 믿는다. 정통 프렌치와 모로칸, 아시아 요리까지 다양하게 섭렵하면서 만들어낸 레시피로 누구나 먹을 수 있는 든든한 한 끼를 내놓는다. 푸드 채널인 푸드 네트워크의 다양한 프로그램 소개되기도 한 유명 셰프다. 연예인 요리사라고 자칭 소개할 정도. 프로스펙트 파크와 보태니컬 가든 등 브루클린의 명소와도 가깝다.

_ 연어와 토마토를 넣은 샌드위치. 루꼴라 샐러드와 함께 나온다.
$10.50

information

Cheryl's Global Soul
쉐릴스 글로벌 소울
236 Underhill Ave. / (347) 529-2755
B/T Lincoln Place & St. Johns Place in Prospect Heights
2 / 3 / 4 train / Eastern Parkway - Brooklyn Museum
월요일 8:00~16:00 / 화~목 8:00~22:00 / 금~토 8:00~23:00
일 10:00~17:00
www.cherylsglobalsoul.com
$$ / MAP p.249-32

Snack

메뉴는 딱 6가지이다.

The Meat Hook Sandwich Shop
더 미트 훅 샌드위치 숍

농장에서 식탁까지 이어지는
믿음의 맛!

더 미트 훅 샌드위치 숍은 이 샌드위치가 언제, 어디서, 어떻게 내 식탁으로까지 오게 되었을까 하는 궁금증 없이 먹을 수 있는 샌드위치를 판다. 더 미트 훅 정육점에서 운영한다. 품질 좋고 맛 좋은 로컬 유기농 육류제품을 파는 것으로 정평이 난 미트 훅 정육점은 샌드위치 가게에서 몇 블록 떨어진 곳에 있다. 업스테이트 뉴욕의 소규모 유기농 목장에서 자란 육류와 매일 30여 가지의 수제 소시지를 판매한다. 미트 훅에서 판매하는 모든 육류는 주인이 직접 업스테이트 뉴욕을 누비며 찾아낸 유기농 목장에서 들여온 것이다. 자라는 과정을 보고, 직접 확인하고, 목장 주인과 신뢰를 쌓은 후 들여오는 소와 돼지는 판매자에게 자부심을 줄 뿐만 아니라 중간 유통 과정을 없애 목장에 더 많은 수익을 돌려준다. 결국, 미트 훅은 농장과의 직거래로 제품의 신선함과 유통의 투명성을 확보해 소비자와 농장 모두에게 사랑받을 수 있었다. 정육점의 경영 철학 그대로 샌드위치 가게도 운영하고 있다. 6가지 샌드위치와 핫도그, 음료와 맥주가 메뉴 전부다. 하지만 본질에 충실한 샌드위치 맛은 그야말로 최고다.

information

The Meat Hook Sandwich Shop
더 미트 훅 샌드위치 숍
495 Lorimer St. / (718) 302-4665
B/T Powers St. & Grand St. in Williamsburg – North Side
G Train / Metropolitan Ave.
월~일 11:00~16:00
the-meathook.com/sandwich-shop
$$ / MAP p.245-108

Bare Burger
베어 버거

햄버거도 로컬 유기농을 찾는다

information

Bare Burger
베어 버거
170 7th Ave. / (718) 768-2273
B/T Garfield Place & 1St. in Park Slope
F Train and G Train / 7 Ave.
월~목, 일 11:00~22:00
금~토 11:00~23:00
bareburger.com
$$ / MAP p.249-27

줄을 서지 않고 맛있고 합리적인 가격의 유기농 버거를 먹고 싶다면 바로 베어 버거다. 지역 주민의 사랑을 잔뜩 받는 유기농 버거 가게로 뉴욕에 브루클린을 포함해 총 16개의 지점이 있다. 아는 사람만 아는 탓에 줄을 서지 않아도 건강하고 맛있는 햄버거를 맛볼 수 있다. 버거에 들어가는 모든 재료의 원산지가 표시되어 있을 뿐 아니라, 어떤 과정으로 지금 내 테이블에 왔는지를 설명한 팸플릿이 비치되어 있다. DIY 스타일로 자신의 성향에 맞게 빵부터 패티, 채소, 소스까지 선택해서 주문할 수 있다. 물론 일반 버거 메뉴도 있다. 바삭하면서도 촉촉해 환상적인 식감의 양파 링은 버거와 함께 강력 추천 메뉴다. 안 시키면 후회할 거야!

― 나무와 벽돌의 빈티지한 느낌 위에 다양한 소재의 재활용 소품이 눈을 즐겁게 한다.

Snack

— 베어 버거의 메뉴는 입맛에 맞는 맞춤식 구성이 가능하다.

19세기의 맛을 잇는 초콜릿

남미의 뜨거운 태양 아래 자란 카카오가 바다를 건너 브루클린의 항구에 도착한다. 바닷바람에 발효된 카카오는 19세기에 만들던 방식대로 사람의 손으로 일일이 골라 빻은 후 마스트 브라더스 초콜릿이 된다. 마이클 마스트와 릭 마스트 형제가 운영하는 마스트 브라더스 초콜릿은 브루클린에서 미국 전역으로 팔려나가는 유명 수제 초콜릿이다. 작은 팜마켓에서 판매를 시작했던 초콜릿이 브루클린을 넘어 뉴욕을 대표하는 초콜릿이 된 것은 형제만의 특별한 방식 때문이다. 마스터 형제는 오래 전 스페인의 아스텍 침략으로 유럽에 전해진 카카오가 당시 대륙 사이 유일한 운송 수단이었던 배로 운반되며 발효되었던 것에 주목했다. 바다의 공기로 자연스럽게 발효된 카카오의 풍부한 향과 진한 맛은 남다르다. 카카오 선별부터 포장까지 모두 사람의 손을 거친다. 초콜릿 제조에 필요한 모든 기계는 형제가 직접 고안해 윌리엄스버그에서 제작했다. 최소한의 과정에서만 기계를 사용한다는 원칙을 갖고 있다. 그야말로 21세기에 만드는 19세기의 초콜릿이다. 이 특별한 과정을 투어로 만들어 관람객에게 공개하고 있다. 홈페이지를 참고할 것!

Mast Brothers Chocolate
마스트 브라더스 초콜릿

Snack

__ 투어에 참여해 처음부터 끝까지 손으로 직접 만드는 초콜릿을 경험해보자.

__ 시기와 계절에 따라 바뀌는 포장, 모두 일일이 사람의 손을 거쳐서 포장에서도 손맛이 느껴진다.

information
-
Mast Brothers Chocolate
마스트 브라더스 초콜릿
111 N 3rd St. / (718) 388-2625
B/T Berry St. and Withe Ave. in Williamsburg
L Train / Bedford Ave.
월~토 10:00~19:00 / 일 10:00~17:00
mastbrothers.com
$$$ / MAP p.245-42

Snack

Ample Hills Creamery
엠플힐 크리머리

시나리오 작가가 만드는
수제 유기농 아이스크림

엠플힐 크리머리의 주인인 브라이언 스미스는 시나리오 작가였다. 그러나 그 때문에 엠플힐이 일 년 내내 사람으로 붐비는 뉴욕에서도 손꼽히는 아이스크림 가게로 유명해진 것은 아니다. 다른 보통 아이스크림 가게가 프리믹스를 사용해 만든 아이스크림을 수제라는 이름을 붙여 팔 때 브라이언은 처음부터 끝까지 가게에서 만드는 진짜 수제를 고집했다. 뉴욕 인근의 유기농 목장에서 가져온 신선한 우유와 달걀, 설탕까지 유기농을 사용한다. 마지막으로 맛을 내기 위해서 어떤 화학 첨가물도 넣지 않는다. 오로지 자연 그대로의 맛을 추구한다. 일주일에 판매할 분량만을 소량 생산하는 것도 사람들에게 믿음을 주었다. 실제로 2011년 6월의 어느 토요일, 하루 동안 130갤런이 모두 팔려 나흘 동안 문을 닫기도 했다. 문을 연 지 1년도 채 되지 않아서 사람들은 쫀득하면서도 자연스러운 맛에 중독되었다. 2014년 자카르 서베이는 엠플힐 크리머리를 뉴욕 최고의 아이스크림 가게로 뽑았다. 시나리오 쓰기보다 아이스크림 만들기를 더 잘하는 작가 브라이언 스미스는 글 쓰는 낙을 버리지 못했는지 엠플힐 아이스크림의 레시피를 담은 책을 냈다. 엠플힐 크리머리의 강력 추천메뉴는 직접 골라 만들어 먹는 선데! 단, 브라우니와 초콜릿 아이스크림 조합만은 피하자. 정말 죽을 만큼 달다.

Snack

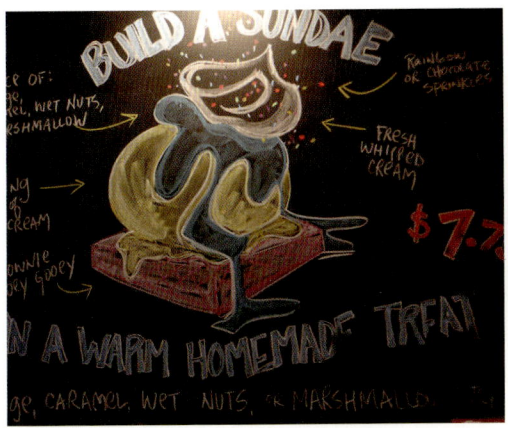

__ 브라우니에 아이스크림과 초콜릿 시럽, 생크림을 올린 엠플힐의 선데, $7.75

__ 직접 그린 메뉴

__ 인기 메뉴인 선데. 원하는 아이스크림과 토핑을 고를 수 있다.

__ 아이들 눈높이에 맞춘 아기자기한 실내

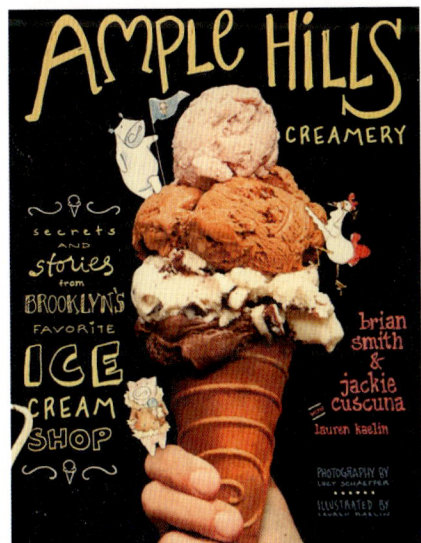

__ 엠플힐의 아이스크림 레시피를 담은 책

information

Ample Hills Creamery
엠플힐 크리머리
623 Vanderbilt Ave.
(347) 240-3926
B/T Prospect Place & St. Marks Ave. in Prospect Heights
B Train, Q Train 7 Ave.
2호점 305 Nevins St. in Gowanus 3호점
360 Furman St. in Brooklyn Heights
amplehills.com
$$ / MAP p.249-43

Snack

Cookie Road
쿠키 로드

슈거 아트를 파는 베이커리

손에 묻는 거 아닌가 싶을 정도로 화려한 색감의 쿠키를 파는 가게다. 설탕을 녹이고 색을 입혀 직접 구운 쿠키 위에 하나하나 그림을 그린 슈거 쿠키를 판매한다. 쇼 케이스 앞에 서자 나도 모르게 절로 탄성이 나온다. 계절이나 이벤트에 따라 새로운 디자인의 슈거 쿠키를 내놓는다. 주인이 직접 디자인하고 일일이 그린다니 놀라울 따름이다. 엄마와 할머니가 만들어주던 쿠키 레시피에 자신이 디자인한 그림을 올린 쿠키를 만드는 주인 아네타 스캇은 그래픽 디자이너 출신이다. 색감과 디자인이 남다른 것이 이해가 간다. 크리스마스가 되면 트리 장식으로도 팔릴 만큼 예쁜 쿠키, 아까워서 먹을 수 있을까 싶지만, 입에 넣는 순간 생각이 달라진다. 마시멜로처럼 쫀득하면서도 달콤한 설탕과 담백한 쿠키가 어우러져 커피 한잔이 떠오른다. 케이크나 머핀, 샌드위치도 인기 메뉴로 간단한 점심이나 간식을 먹으러 들르기에도 좋다. 2009년 그린포인트에 문을 연 이후 시즌에 맞게 외벽을 칠하거나 벽화를 그려 색다른 분위기를 연출하고 있다. 당신이 찾을 때쯤이면 푸른 벽은 사라지고 한 폭의 그림이 벽을 메우고 있을지도 모를 일이다.

information

Cookie Road
쿠키 로드
94 Franklin St. / (718) 383-8094
B/T Noble St. & Oak St. in Greenpoint
G Train Greenpoint Ave.
월~금 8:00~16:30 / 토 8:30~19:30
일 9:00~6:30
cookieroad.com
$$ / MAP p.245-9

... 작은 쿠키 위에 그려진 다양한 슈거 아트는 그야말로 환상적! $2.50~3.50

Snack

— 화덕에 나무 장작을 때 굽는 피자, 마르게리타 $12

Union Pizza Works
유니온 피자 웍스

**옛 공장 건물에서 맛보는
이탈리아 정통 피자**

information

Union Pizza Works
유니온 피자 웍스
423 Troutman St. / (718) 628-1927
B/T Wyckoff Ave. & St. Nicholas Ave. in Bushwick
L Train / Jefferson St.
월~목 17:30~23:30 / 금 17:30~24:00
토 12:00~24:00 / 일 12:00~23:30
www.unionpizzaworks.com
$$ / MAP p.247-21

오래된 공장 창고에 자리를 잡은 유니온 피자 웍스. 부시윅에서 가장 긴 줄을 만든다는 Roberta's Pizza의 명성에 도전장을 내밀었다고 한다. 직접 고안해 만든 스틸 화로에 잘 마른 장작을 넣어 피자를 굽는다. 밀라노 출신의 조르지오 사장은 진짜 이탈리아 사람이 먹는 피자를 만든다. 뉴욕의 다른 피자처럼 화려하거나 실험적인 메뉴는 없다. 기본적인 이탈리안 피자와 파스타, 샐러드를 만든다. 그들의 메뉴와 잘 어울리는 와인 리스트도 눈여겨 볼만하다. 직접 토핑을 고르거나 도우를 선택하는 유명한 그리말디 피자 같은 번잡함이 없을 뿐만 아니라 긴 줄도 없다. 부시윅을 걷다가 출출해지면 쓱 들어가 나무로 구워낸 피자 한 판 주문해 놓고 이탈리아 스타일의 칵테일 한 잔을 추천받아 마셔보자. 브루클린의 화려한 그라피티와 이탈리아의 소박한 피자가 얼마나 잘 어울리는지 알게 될 것이다.

NEW YORK | EAT
Snack

Blue Marble Ice cream
블루마블 아이스크림

뉴욕 시가 인정한 단 하나의
유기농 아이스크림 공장

information

Blue Marble Ice Cream
블루마블 아이스크림
186 Underhill Ave.
(718) 399–6926
B/T Sterling Place & St. Johns Place in Prospect Heights
2, 3, 4 Train / Grand Army Plaza
월~금 7:30~22:00
토~일 8:30~22:00
bluemarbleicecream.com
$$ / MAP p.249-33

'토스트'라는 영화가 있다. 재앙에 가까운 요리를 먹고 자란 한 남자가 세계적으로 유명한 요리사가 된다. 하지만 그에게 가장 감동을 준 요리는 엄마의 별것 아닌 토스트였다는 것이 영화의 줄거리이다. 음식의 기본은 마음이다. 엄마의 마음으로 만들고 맛까지 있다면 사람들은 행복과 동시에 사랑을 느낀다. 블루마블의 아이스크림은 그런 엄마의 마음에서 시작되었다. 알렉시스 미센과 제니 던다스, 2명의 여자가 만나 아이에게 먹여도 좋을 아이스크림을 만들고 목장에서 자유롭게 자란 유기농 소에서 짠 우유와 버터를 듬뿍 넣고, 설탕은 줄였다. 더불어 어떤 인공 첨가제도 넣지 않았다. 블루마블은 엄마가 아이의 손을 잡고 와 함께 먹는 아이스크림으로 이름을 알렸고, 동시에 뉴욕 시가 인정한 단 하나의 유기농 아이스크림 공장이 되었다.

블루마블은 르완다 여성을 위한 창업 지원금을 후원하고 있다. 2010년 르완다에 첫 토종 아이스크림 가게가 블루마블의 창업 지원금으로 문을 열었고 지금도 그 숫자가 늘어나고 있다. 엄마의 마음이 바다 건너 아이들의 입을 기쁘게 하고 엄마들의 주머니까지 두둑하게 만들고 있다. 유기농으로 만들어 다소 비싸지만 달콤한 아이스크림과 함께 세계 평화는 아니라도 누군가의 달콤한 꿈을 지원해보는 건 어떨까?

재활용의 미학이 깃든 건물들

고작 200년 정도의 역사를 가진 미국이 수천 년 역사를 가진 우리보다 오래된 건물이 많다는 것은 어떤 의미일까? 서울에는 몇 채 없는 100년 고택이 뉴욕에는 즐비하고, 곰팡내 난다고 욕하는 지하철도 그 100년의 산물임을 아는 사람이 얼마나 있을까? 이 물음의 답은 브루클린에 있을지도 모른다.

브루클린의 북쪽, 공장지대의 건물을 허물지 않고 그대로 사용한 레스토랑, 카페, 가게는 독특한 분위기를 자아낸다. 오래된 건물을 허물지 않고 최대한 그대로 사용하면서 개보수하는 것이 뉴욕스타일이 되었다. 역사성을 부여하면서도 재활용을 통해 자원을 절약하려는 생각이기도 하다. 옛 건물을 허물고 다시 지을 때 생기는 건축폐기물에 대한 고민도 있다. 한때 뉴욕스타일이라며 철근과 콘크리트를 그대로 드러내는 인테리어가 한국에서 유행했다. 도대체 왜? 짓다 만 것 같아 이해하기 힘든 사람도 있었을 것이다. 이 사태는 뉴욕에 대한 동경이 낳은 해프닝일지도 모른다. 뉴욕의 붉은 벽돌과 단단한 철골을 그대로 드러낸 인테리어는 세월을 견딘 견고함 위에 신선하고 젊은 감각을 믹스매치한 결과물이었다. 그런데 그것을 억지로 새로 지은 건물의 설익은 속살을 드러내 뉴욕스타일이라고 하니 어색할 수밖에 없다.

브루클린의 공장은 붉은 벽돌과 단단한 철근으로 만들어져 허무는데 오히려 더 돈이 많이 든다는 말이 있다. 허물기보다는 개보수라는 방법을 택하는 쪽이 현명하다. 그러니 오늘 문을 열었더라도, '오래전에'라는 수식어가 붙는 식당이 될 수 있다. 한편으로는 빈번히 SF영화의 배경으로 등장하면서도 오래된 물건이 값비싸게 팔리는 도시, 뉴욕의 단면이기도 하다. 그들은 첨단의 유행을 선도하면서 늘 지나간 시간을 잊지 않는 훈련을 받고 있는 것일 수도!

Dinner

Madiba
마디바

이국적인 맛이 된 엄마의 밥상

information

Madiba
마디바
195 Dekalb Ave.
(718) 855-9190
B/T Carlton Ave. & Adelphi St.
in Fort Greene
G Train / Fulton St. and C Train / Lafayette St.
월~목, 일 11:00~23:00
금~토 11:00~24:00
madibarestaurant.com
$$ / MAP p.249-51

뉴욕에 생긴 첫 아프리카 레스토랑 마디바. 넬슨 만델라의 사진과 그림으로 가득한 마디바의 주인은 당연히 검은 피부의 아프리카인이라고 생각하겠지만, 입구에 들어서자마자 몇 년을 보아온 친구처럼 손님을 맞는 키 큰 백인 남성이 마디바의 주인이다. 남아프리카 공화국 출신의 형제가 엄마의 레시피 그대로 브루클린에 아프리카 레스토랑을 연 것은 1999년이었다. 맨해튼의 밤을 사랑하지만 즐거운 식사를 위한 장소로는 너무 바쁘게 돌아가고, 임대료는 너무 높았다. 남아프리카공화국은 식민지의 역사와 원주민의 식단이 어우러진 독특한 음식 문화를 형성하고 있다. 북쪽의 육류 중심 메뉴와 남쪽의 해물 중심 메뉴, 그리고 원주민과 이주민의 식단이 만나는 중부 지방에 살았던 형제는 고향의 밥상을 마디바의 식탁 위에 그대로 풀어놓았다. 양념의 양, 조리 순서와 시간 등 모두 엄마의 레시피를 철저히 따른다. 메뉴에 들어가는 양념은 모두 남아프리카 현지에서 수입해 사용하고 있다. 샤프란 같은 고가의 양념도 마찬가지다. 남아프리카 출신의 이주민들이 한 입 만 먹어도 고향의 맛을 잔뜩 느낄 수 있도록 말이다. 덕분에 마디바는 브루클린에서 남아프리카 양념을 수입하고 판매하는 곳이 되었다. 넬슨 만델라를 깊이 존경하는 백인 형제의 아프리카 레스토랑 마디바에 대한 더 흥미진진한 이야기는 74~75 페이지 인터뷰에서 확인하도록!

Dinner

 사우스 아프리카 Cape Malay족 스타일의 램볶음밥 Breyani $20

 두툼한 식빵의 속을 파내고 매콤한 치킨 커리를 넣은 Durban Bunny Chow $18

 넬슨 만델라와 함께 남아프리카를 상징하는 작품들로 벽을 채웠다.

Dinner

Acqua Santa
아쿠아산타

피자로 만드는 로맨틱한 저녁

information

Acqua Santa
아쿠아산타
556 Driggs Ave. / (718) 384-9695
B/T 6th St. & 7th St. in Williamsburg
L Train / Bedford Ave.
월~목 12:00~23:00 / 금 12:00~24:00
토 11:00~24:00 / 일 11:00~23:00
acquasanta.com
$$ / MAP p.245-61

 미국의 역사는 유럽 이주민으로부터 시작되었다고 해도 과언이 아니다. 물론 지금은 물밀 듯이 들어온 아시아인에게 밀리고 있는 것처럼 보이지만 말이다. 각설하고, 브루클린에는 이탈리안 레스토랑이 참 많다. 그중에서도 윌리엄스버그에 자리 잡은 아쿠아산타는 꽤 돋보인다. 아름다운 파티오(야외 테이블)에 민트와 화이트가 조화로운 의자와 테이블, 그 위로 탐스럽게 달린 포도송이를 보고 있노라면 마치 이탈리아에 온 것 같다. 메인 홀보다 크고 아름다운 파티오 덕분에 결혼식 장소로도 사랑받고 있다. 물론 음식 맛도 좋아서 결혼식과 피로연을 모두 하기에 안성맞춤인 곳이다. 주중의 해피 아우어에는 모든 피자가 $10이다. 화덕에서 구운 맛 좋은 피자를 저렴하게 먹을 수 있다. 직접 뽑은 생면으로 만드는 파스타는 줄어드는 것이 아까울 정도이다. 윌리엄스버그에서 분위기 있는 곳에서 피자와 파스타를 즐기고 싶다면 아쿠아산타가 정답이다.

___ 샤프란과 오징어 먹물을 넣은 페투치니 면에 새우와 토마토소스로 맛을 낸 파스타 $18

NEW YORK | EAT
Dinner

Brooklyn Crab
브루클린 크랩

뉴욕에서 해산물을 제대로 먹는 방법

information

Brooklyn Crab
브루클린 크랩
24 Reed St. / (718) 643-2722
B/T Conover St. and Van Brunt St.
F, G Train / Smith St. transfer Bus B61
월~목, 일 11:30~22:00 / 금~토 11:30~23:00
brooklyncrab.com
$$$ / MAP p.253-28

뉴욕에서 신선하고 저렴한 해산물을 먹으려면 첼시마켓을 가던 시절이 있었다. 하지만 그것도 다 옛말, 뉴욕의 명소가 되어 관광객으로 들끓게 되면서 지금은 시끄럽고 비싼 곳이 되어버렸다. 뉴욕에서 저렴한 가격으로 신선하고 푸짐한 해산물을 먹고 싶다면 브루클린 크랩이 있다. 메릴랜드 스타일의 판잣집이 연상되는 외관으로 멕시코 만에서 잡히는 다양한 해산물이 식탁 위에 올라온다. 3층짜리 건물의 식당으로, 3층은 커다란 창을 열어 놓아 마치 야외에서 식사하는 기분을 느낄 수 있다.

브루클린 크랩의 주요 메뉴는 특별한 양념 없이 맥주와 레몬, 허브만 가미해 쪄내는 바스켓류의 메뉴이다. 다양한 종류의 게와 새우, 조개, 가지, 옥수수를 함께 쪄내 커다란 양철 바스켓에 담아준다.

가장 작은 사이즈도 혼자 먹기 많은 양이 나온다. 각 의자의 등받이 위에 다양한 소스를 꽂아 두었으니 원하는 것을 골라 먹으면 된다. 레드 훅 지역은 다양한 레스토랑과 특이하고 감각적인 가게가 속속 문을 열고 있어 찾는 사람이 점점 늘고 있는 곳이다. 레드 훅은 뉴욕 맨해튼 해안가와 자유의 여신상을 함께 감상할 수 있는 특별한 전경을 볼 수 있는 곳이기도 하다. 그 특별한 조망을 만끽하며 신선한 해산물을 먹을 수 있는 곳이 바로 브루클린 크랩이다. 교통이 불편한 것이 단점인데 주말에 레드 훅을 찾는다면 이케아에서 11번 부두와 레드 훅 이케아 부두 구간을 운영하는 무료 페리를 이용하자. 주중에는 유료이다.

카페 모가도르 윌리엄스버그점은 2012년 문을 열었다. 맨해튼 이스트빌리지의 1호점보다 더욱 고풍스럽고 넉넉한 공간을 갖고 있다.

Dinner

Cafe Mogador
카페 모가도르

다채로운 중동의 맛, 모로칸 푸드

information

Cafe Mogador
카페 모가도르
133 Wythe Ave. / (718) 486-9222
B/T 7th and 8th in Williamsburg
L Train / Bedford Ave.
월~목, 일 9:00~01:00
금~토 09:00~02:00
cafemogador.com/williamsburg
$$ / MAP p.245-101

매트로 카드 하나로 세계 각국의 음식을 맛볼 수 있는 뉴욕. 그 세계의 밥상 뉴욕에서도 가장 다채로운 요리로 꼽히는 모로칸 요리를 안 먹을 수 없다. 모로코는 여러 나라의 식민지였던 역사와 이슬람계를 비롯해 베르베르인, 지중해와 아프리카, 스페인 지역의 사람과 유대인까지 뒤섞이며 다양한 인종의 영향을 받았다. 바다에 닿아 있는 모로코는 지중해의 해산물, 열대과일과 다양한 채소를 사용한 요리가 발달해 풍부한 맛과 향으로 유명하다. 또한, 다양한 향신료를 사용한 것도 모로코 음식의 특징이다. 한국에도 모로코의 요리 도구 탄진과 곡물 쿠스쿠스가 소개되면서 건강 요리로 알려지기도 했다. 히잡과 코란, 명예살인으로 기억되는 답답하고 거친 중동의 이미지에서 벗어나 화려하고 풍부한 모로칸 음식을 맛볼 수 있는 카페 모가도르. 뉴욕에서도 제대로 모로칸 요리를 내는 몇 안 되는 식당 중 하나로 유명한 곳이다. 인테리어와 그릇에서 먼저 모로코를 느낄 수 있다. 온실처럼 꾸며진 파티오도 분위기가 좋다.

__ 길 쪽으로는 하나의 테이블을 가진 발코니를 안 쪽에는 온실을 연상케 하는 파티오가 있다.

__ 허브로 마리네이드 된 탄진 치킨과 쿠스쿠스 $18.5 (런치스페셜 $12)

__ 잉글리쉬 머핀, 매콤한 토마토 소스와 함께 나오는 모로칸 스타일 에그 베네딕트, 모로칸 에그스 $10.5

__ 전통 조리도구들과 화려한 색감의 패브릭 소품으로 꾸며진 내부

Dinner

Olea
올리아

지중해의 로맨스를 파는 식당

information

Olea
올리아
171 Lafayette Ave. / (718) 643-7003
B/T Adelphi St. & Clermont Ave. in Fort Greene
G Train / Clinton - Washington Ave.
월~목, 일 10:00~23:00 / 금~토 10:00~24:00
oleabrooklyn.com
$$ / MAP p.249-54

— 돼지고기와 닭고기, 콩과 채소를 넣은 지중해식 빠에야 Paella Carne $29

은은한 촛불과 나무, 벽돌이 어우러진 지중해 레스토랑 올리아는 주말 저녁 길게 늘어선 줄로 그 인기를 실감할 수 있는 식당이다. 메뉴판 앞에서 기다릴까 말까를 망설일 때 올리아 앞에 줄을 선 오지랖 넓은 손님이 엄지손가락을 들어가며 "후회 없을 거야! 기다려"라고 말했다. 그 조언은 틀림없었다. 2005년 4명의 친구가 문을 연 식당으로 회반죽벽에 나무로 된 천장, 테라코타 모자이크 타일로 분위기를 낸 곳이다. 지중해의 나라 스페인, 이탈리아, 그리스 등에서 영감을 받은 메뉴는 지금껏 보지 못했던 것이 많다. 저녁 시간 촛불과 어우러지는 인테리어는 로맨틱해서 데이트하는 커플을 많이 볼 수 있다. 지중해의 음식은 강하지 않은 소스에 원재료의 맛을 살린 것이 많아 신선하고 담백한 것이 특징이다. 올리아의 추천 메뉴로는 어린 양배추를 고소하게 바싹 볶은 Flash-Fried Brussels Sprouts($9)와 미국식과는 다른 담백함이 느껴지는 Beef Meatball($11), 돼지고기와 닭고기, 콩과 채소를 넣어 만든 빠에야 Paella Carne($29)가 있다. 병아리콩 볶음이나 아몬드 롤 같은 간단한 애피타이저도 맛있고 저렴해서 여러 종류를 시켜 메인 메뉴를 대신해도 좋다.

Dinner

Café Steinhof
카페 스테인호프

오스트리아식 왕 돈가스와
U-boat 맥주

information

Café Streinhof
카페 스테인호프
422 7th Ave. / (718) 369-7776
B/T 6th Ave. & 13th St. in Park Slope
F, G Train / 7 Ave.
월 17:00~2:00 / 화~일 11:00~2:00
cafesteinhof.com
$$ / MAP p.251-5

오래된 유럽스타일의 건물이 빽빽하게 들어선 파크 슬로브 거리를 걷다보면 뉴욕에도 이런 곳이 있었구나 싶다. 파크 슬로브에는 이국적인 식당이 많지만 이름만 들어도 딱 오스트리아 스타일의 식당인 카페 스테인호프. 카페 스테인호프를 추천하는 이유는 딱 하나다. 오스트리아에서 건너온 얇게 편 소고기를 튀긴 비너 슈네첼 때문이다. 한국 남산의 왕 돈가스와 닮았지만, 격이 다른 맛! 고기의 육질과 바삭함이 살아 있다. 볶음 감자와 오이 샐러드와 함께 나오며 혼자 먹기에는 좀 많은 양이다. 동행과 함께 다른 사이드 메뉴를 주문하자. 왕 돈가스와 이곳의 또 다른 명물인 U-boat 맥주를 벌컥 마시자.

브런치와 함께 독일식 맥주를 즐기는 동네 주민을 볼 수 있다.

Dinner

Krolewskie Jadlo / Karczma
크롤레위스키 자들로 / 카르츄마

브루클린의 터줏대감,
폴리쉬 레스토랑

information

Krolewskie Jadlo
크롤레위스키 자들로
694 Manhattan Ave.
(718) 383-8993
B/T Bedford Ave. & Norman Ave. in Greenpoint
G Train / Nassau Ave.
월~일 12:00~22:00
www.krolewskiejadlo.com
$$ / MAP p.245-13

  폴란드의 음식문화는 슬라브 민족과 유대 민족, 또는 유럽의 영향을 받아 역사만큼이나 다채롭고 풍부하다. 뉴욕에서 진짜 폴리쉬 음식을 맛보려면 폴란드 이민자가 정착한 그린포인트가 적격이다. 그린포인트에서 유명한 폴리쉬 식당으로는 크롤레위스키 자들로와 카르츄마를 꼽을 수 있다. 둘 다 같은 주인이 운영한다. 크롤레위스키 자들로는 입구에서 보초를 서고 있는 기사를 지나 안으로 들어서면 16세기 왕들의 초상화가 걸려 있다. 크롤레위스키 자들로가 왕의 잔치를 뜻하는 말이기 때문이다. 그린포인트의 좀 더 북쪽에 있는 카르츄마는 전통의상을 입고 있는 종업원과 낡은 나무, 커다란 술통이 폴란드 선술집 분위기가 난다. 둘 다 인기가 많지만 카르츄마는 저녁 시간이면 발 디딜 틈이 없을 정도로 붐빈다. 폴란드 펍의 분위기를 느끼고 싶다면 카르츄마, 좀 더 편하게 폴란드 음식을 즐기고 싶다면 크롤레위스키 자들로가 좋다. 추천 메뉴로는 Polish Plate(폴리쉬 플레이트 / $12), Grilled pork shoulder in honey(꿀을 발라 구운 돼지고기 / $10.50), Venison walnut meat balls(폴란드식 만두와 미트볼 / $14) 등이 있다. 그 어느 곳보다 값싸고 푸짐한 한 끼를 먹을 수 있다.

— 철갑 기사가 문을 지키고 있는 크롤레위스키 자들로

— 간 감자를 굽고 그 위에 연어와 허브를 올려 내놓는 체코식 감자전. King's potato pancake $7

— 할로윈 시즌 인테리어로 단장한 크롤레위시키 자들로

information

Karczma
카르츄마
136 Greenpoint Ave. / (718) 349-1744
B/T Franklin St. & Manhattan Ave. in Greenpoint
G Train / Greenpoint Ave.
월~목 12:00~22:30 / 금~토 12:00~23:30
일 12:00~22:00
karczmabrooklyn.com
$$ / MAP p.245-6

Dinner

Okonomi
오코노미

**브루클린에 파고든
일본의 소박한 부엌**

― 큰 그릇에 생선을 의미하는 한자 '魚'를 넣은 로고로 간판을 대신한 오코노미

일본식 식당이라기보다 일본식 부엌이라고 해야 맞을 것 같다. 하루에 두 번 생선을 사고, 그날그날 판매할 만큼의 음식 재료를 사들여 재료가 떨어지면 문을 닫는다. 작은 공간에 단출한 메뉴를 내놓지만 날마다 메뉴 구성이 바뀐다. 주 메뉴는 라멘과 3가지 반찬이 나오는 정식이다. 시간대에 따라 먹을 수 있는 메뉴도 달라진다. 아침과 점심에는 3가지 반찬이 나오는 정식, 저녁에는 생선 육수로 끓인 라멘이 나온다. 이 식당의 주인인 유지 하라구치와 타라 노벨의 독특한 운영 방식은 어떻게 만들어진 것일까? 2013년 스모개스버그에서 선풍적인 인기를 끌었던 유지라멘의 주인 유지와 일본 가정식에 관심이 많았던 타라는 두 사람이 하나의 공간에서 가장 잘할 수 있는 걸 하면서 음식 쓰레기를 최소화할 수 있는 방법이 무엇일까 고민한 끝에 지금의 오코노미를 만들었다. 실제로 매일 나오는 음식쓰레기는 작은 비닐봉지 하나 정도라고 한다. 오리엔탈 푸드에 관심이 많은 미국인에게는 꽤 신선하게 다가가고 있다.

― 생선으로 육수를 낸 라멘은 담백하고 깔끔한 뒷맛이 일품이다. $9~12

― 아침과 점심 때 먹을 수 있는 정갈하고 소박한 일본식 가정식 백반 $20

information
-
Okonomi
오코노미
150 Ainsite St.
B/T Lorimer St. & Leonard St. in Williamsburg
L Train / Lorimer St. and 2 more Stations
월~금 9:00~14:00, 18:00~23:00
토~일 10:00~16:00
okonomibk.com
$$ / MAP p.245-106

NEW YORK | EAT
Dinner

Park Luncheonette
파크 런치오네트

브루클린 젊은이의
배를 채워주는 오래된 식당

information

Park Luncheonette
파크 런치오네트
332 Driggs Ave.
(347) 844-9350
B/T Lorimer St. &
Manhattan Ave. in
Greenpoint
G Train / Nassau Ave.
월~목, 일 8:00~1:00
금~토 8:00~2:00
parkluncheonette.com
$$ / MAP p.245-25

— 브루클린의 거리 풍경과 함께 식사할 수 있는 실외 테이블이 인기다.

싸고 맛있는 음식을 좋아하는 건 동서고금을 막론하고 당연한 일이다. 그러나 맨해튼에서 얻었던 진리는 싼 게 비지떡이며, 싼 음식은 맛도 그저 그렇다는 것이다. 단, 브루클린에서는 맨해튼보다 저렴하게 맛있는 음식을 먹을 수 있다. 그런 이유로 런치오네트는 늘 젊은 청춘의 발길이 이어진다. 주말이건 평일이건 사람이 많다. 아침 8시부터 새벽 1~2시까지 문을 연다. 뉴욕에서 이렇게 긴 시간 동안 문을 여는 식당은 흔치 않다. 런치오네트는 1930년 이 지역 공장 노동자를 상대로 문을 열었다. 수십 년 동안 그린포인트에서 자리를 지킨 보기 드문 식당이다. 맥캘런 공원 바로 옆에서 주류를 판매하는 것이 치안을 위협한다며 2009년 문을 닫을 위기에 처하기도 했었다. 그러나 굳건히 자리를 지켜 지금도 동네 주민은 물론 브루클린 젊은이의 허기진 배를 채워주고 있다.

Dinner

Arepera Guacuco
아레페라 구아쿠코

이색적인 동네,
이색적인 음식

부시윅은 히스패닉 계열이 70%나 되는 동네로 남미 음식점, 멕시칸 음식점이 유난히 많다. 그중에서도 한국에서는 전혀 맛볼 수 없는 보석 같은 식당이 하나 있으니 바로 베네수엘라 식당인 아레페라 구아쿠코다. 우리말로 하면 '해변의 아레페라'라는 뜻의 이 식당은 베네수엘라에서 온 모자가 운영하는 가게다. 직접 옥수수 반죽을 구워 만든 빵에 검은 콩과 돼지고기, 플레인, 치즈를 넣은 베네수엘라식 샌드위치, 바로 아레페라($7)가 인기 메뉴다. cocada라는 코코넛 셰이크($4)를 함께 주문하는 것도 잊지 말자. 검은 콩과 생선, 기름기가 적은 돼지고기 어깨 살 등을 주로 사용하는 베네수엘라의 건강한 가정식을 먹을 수 있는 식당으로 여러 매체에 소개되기도 했다. 건강에 관심이 높고, 새로운 것을 좋아하는 뉴요커라면 한 번쯤 가보아야 할 장소가 된 건 당연한 일이다. 게다가 저렴하기까지 하니 마다할 이유가 없다.

__ 저렴하고 신선한 맛으로 사랑받는 비트와 당근을 짜서 만든 Tres En Uno($6)와 코코넛 밀크셰이크 Cocada($4)

__ 베네수엘라의 전통 빵 아레페라에 소고기와 돼지고기, 블랙빈을 넣은 Pabellon $7

information
-
Arepera Guacuco
아레페라 구아쿠코
44 Irving Ave. / (347) 305-3300
B/T Jefferson St. & Troutman St.
in Bushwick
L Train / Jefferson St.
월~수 12:00~23:00 | 목~금 12:00~24:00
토 11:00~24:00 | 일 11:00~23:00
guacuconyc.com
$$ / MAP p.247-26

NEW YORK Interview

Interview no.01

DENIS DU PREEZ

"소모적인 경쟁이 아닌
함께 행복할 수 있는 동반 성장이 꿈이 아니라고 믿는
다. 음식은 더 많이 팔기 위한 것이 아니라
더 많이 나누기 위한 것이니까."

Q1 왜 맨해튼이 아닌 브루클린에 문을 열었나?

90년대 후반 형이 남아프리카 공화국에서 뉴욕으로 왔다. 우리에게도 아메리칸 드림이 있었으니까. 셰프인 형이 느낀 뉴욕의 맛 좋은 레스토랑은 너무 비싸고, 저렴한 식당은 밥이 코로 들어가는지 입으로 들어가는지 알 수 없을 만큼 정신없었다. 사실 맛있고 저렴한 식당은 없다고 보는 것이 맞다. 정말 맛있는 우리의 레시피를 제대로 풀어놓을 수 있는 곳이 맨해튼은 될 수 없다는 판단을 내렸고, 저렴한 임대료와 꾸준히 우리 식당을 찾을 수 있는 이웃이 있는 장소를 찾아야 했다. 그러던 중 브루클린의 포트 그린을 발견했다. 우리는 델리와 식품점이 나란히 있던 지금의 장소를 찾았고 두 점포를 하나로 터서 지금의 마디바를 만들었다.

Q2 1999년만 해도 브루클린은 우범지역으로 꼽히는 곳 중 하나였다. 위험하지 않았나?

한마디로 말하자면 위험천만이었다. 누군가 밤만 되면 오물을 투척하고 매일 유리창이 깨졌다. 우리 레스토랑이 잘될수록 이런 횡포는 점점 심해졌다. 재미있는 건 그들은 범죄자가 아니고 인근의 레스토랑 주인이거나 우리를 시샘한 가게 주인이었다. 그들은 가게의 손님을 우리가 뺏어간다고 생각했고, 실제로 수입이 줄어들지 않았어도 적대적으로 대했다. 백인이 하는 아프리카 레스토랑이라니!! 그들 눈에도 뭔가 이상하긴 했나 보다. 우리는 방법을 찾아야 했고 찾아냈다. 어느 날, 형과 나는 인근 레스토랑 주인과 종업원을 초대했다. 함께 파티하며 통성명을 나누고 우리가 어떤 사람인지, 그리고 우리가 경쟁하고 싶어 하지 않음을 이야기했을 때, 다들 믿지 못하는 눈치였다. 형과 나는 제안을 하나 했다. 한 레스토랑에서 저녁을 먹으면 그 영수증으로 다른 레스토랑에 갔을 때 무료 음료를 제공하는 일종의 유니온을 만들자고. 알다시피 술이 한잔으로 끝나는 경우는 거의 없으니, 그 술 한잔이 다른 한잔을 부르고, 그 장소에서 좋은 기억을 얻었다면 다음 방문으로 이어진다고 설득했다. 결국, 이 일종의 쿠폰으로 인근 식당들이 더욱 활기를 찾았고, 동반 성장할 기회가 되었다. (지금은 이런 프로모션이 없다.)

Q3 동반 성장. 듣자하니 다른 아프리카 레스토랑 오픈에도 도움을 주고 있다고 하던데?

마디바에서 일하던 직원들이 나가 아프리카 레스토랑을 열고는 한다. 식당 주방에서 일하는 사람의 꿈은 모두 자신의 식당을 갖는 일 아니겠나. 한번은 마디바의 주방에서 일하던 요리사가 맨해튼에 아프리카 레스토랑을 연 적이 있었다. 마디바의 손님이 맨해튼에서 그 식당을 가보고는 우리에게 알려주었다. 얼마 후 그 종업원이 마디바로 밥을 먹으러 왔기에 식당이 잘 되느냐고 물었더니 매우 겸연쩍게 미안하다며 왜 이 맛이 안 나는지 모르겠다고 털어놓더라. 우리는 레시피를 다시 한 번 알려주고 상담해줬다. 그를 비난하거나 힐난하지 않았다. 우리에게서 가져간 레시피가 도움이 되길 바란다. 이유는 간단하다. 아프리칸 음식을 많은 사람이 먹어볼 바라고 그것이 더 많은 사람이 아프리칸 음식을 좋아하는 계기가 될 것이라고 믿기 때문이다. 그 사람들이 정말 맛있는 아프리카 레스토랑을 찾을 때가 되면 우리 가게에 올 것이라고 믿는다. 그렇

Interview

기에 우리와 함께 일하던 종업원 또는 다른 사람이 식당 창업으로 도움을 청할 때 주저하지 않고 가르쳐주고 조언할 수 있다.

Q4 브루클린 식당이 맨해튼과 다른 점이 있다면?

싸다. 물론 그렇지 않은 식당도 있겠지만, 맨해튼보다 저렴하다는 것은 사실이다. 그리고 좀 더 솔직할 수밖에 없다. 맨해튼이 관광객을 위한 장사를 한다면 브루클린은 현지인을 상대로 하는 장사다. 그래서 오래되고 친근한 식당이 많다. 마디바를 찾는 손님도 대부분 인근 지역 주민이다. 1999년부터 시작했으니 당시 10살이었던 꼬마 손님이 결혼한다는 소식을 전해오는 건 이상한 일이 아니다. 어느 집에 누가 살고, 무슨 일이 있었는지 희로애락을 함께 해왔다. 줄을 서서 기다리는 손님들과 쉴새 없이 수다를 떨 수 있는 이유도 그 때문이다. 이웃에게 내놓는 밥상은 내일을 만들고 수십 년의 관계를

만들어왔다. 맛이 변하고 우리가 변한다면 손님은 우리에게 실망하고 떠나지 않겠나? 가족이 실망하는 밥상을 내지 않는 것, 우리가 만약 수많은 사람이 밀물과 썰물처럼 오가는 맨해튼에 문을 열었다면 그렇게 할 수 있었을지 장담할 수 없다.

(데니스의 아내 제이미는 한국인이다. 내가 처음 마디바를 방문했을 때, 아시아인이라고는 나뿐이었다. 내가 어느 땅에서 왔는지 궁금해 한 웨이트리스의 질문에 한국이라고 답하자 데니스가 당장 달려와 악수를 청했다. 이 인터뷰가 가능했던 것도 모두 한국인 아내 제이미 덕분이다.)

Denis du Preez 데니스 드 프리즈
Madiba 주인

HANG OUT

부시윅으로 이사 온 켄터키 카우보이

켄터키에서 가져온 나무로 집을 짓고, 카우보이가 살았던 시절의 향수를 그대로 옮겨 놓은 몬태나스 트레일 하우스. 부시윅에 문을 열기도 전에 소문을 타고 '윌리엄스버그 프리'와 '부시윅 데일리'에 실릴 만큼 관심을 모은 곳이다. 이후에도 '보그'를 비롯해 다양한 패션 잡지에 소개될 만큼 멋진 곳이다. 문을 열고 들어서면 벽에 걸린 흑백 사진 때문이 아니더라도 마치 시간 여행을 떠나온 기분을 느낄 수 있다. 주인 몬태나는 켄터키에서 나고 자란 사람으로 유년 시절을 보낸 고향 집의 소품까지 모두 옮겨왔다고 한다. 친구들 집에 있는 것까지 몽땅 털어왔단다. 건물 지붕에서는 주방에서 사용하는 간단한 채소와 허브를 직접 키우고 있다. 너무 빠르게 변해가는 세상, 유행을 좇기보다는 아날로그와 빈티지를 사랑하는 사람들의 핫 플레이스답다. 다른 곳에는 없는 몬태나스 트레일 하우스의 칵테일이 명불허전이다. 맥주는 $4부터 시작하며 사이드도 독특한 것이 많다. 평일에는 오후 3시부터 문을 여니 느긋하게 찾아가 카우보이의 정취를 맛보자. 브루클린이 아니라면 도저히 얻기 힘든 감성의 폭주를 느끼게 될 것이다.

— 세월이 느껴지는 나무와 창. 자전거만으로도 빈티지의 멋이 느껴진다.

한쪽을 가득 메운 책들과 잘 어울리는 독특한 이름의 몬태나스 트레일 하우스만의 칵테일 즐겨보자.

information

Montana's Trail House
몬태나스 트레일 하우스
455 Troutman St. / (917) 966-1666
오후 3:00~오전 4:00
montanastrailhouse.com
$$ / MAP p.247-20

Montana's Trail House
몬태나스 트레일 하우스

HANG OUT

Shelter

쉘터

피자와 맥주가 있는 브루클린의 쉼터

— 벽돌을 쌓아 만든 2개의 화덕에서 구워내는 담백하고 쫄깃한 피자 $15~20

윌리엄스버그를 걷다가, 여긴 들어가야 한다는 생각에 발길을 멈춘 곳이다. 아직 문을 열지 않았다는 말에 늦도록 윌리엄스버그를 배회하며 문을 열기만을 기다려 다시 찾았을 때 기다린 보람을 느꼈다. 쉘터라는 단어는 노숙자에게 잠자리와 밥을 제공하는 곳의 의미로 많이 사용하지만, 원래는 주거지, 쉼터, 대피처 등의 뜻이 있다. 도시인의 대피처가 되고 싶었을지도 모르겠다. 나무와 벽돌, 그리고 장작을 때 구운 피자와 해피 아우어에 맛볼 수 있는 많은 종류의 맥주가 강력한 추천 이유! 8시 이전에 주문하는 맥주는 무조건 반값이다. 사슴뿔 샹들리에와 벽에 걸린 자전거, 멧돼지 머리 박제 등 독특한 인테리어가 돋보인다. 쉘터에 앉아 피자에 맥주를 홀짝거리고 있자면 도시적인 맨해튼과는 또 다른 멋의 브루클린이 이런 맛이구나 싶다.

information

Shelter
쉘터
80 N 7th St. / (718) 388-8338
B/T Wythe Ave. and Kent Ave. Williamsburg
L Train / Bedford Ave.
월~목 17:00~01:00 / 금 17:00~03:00 / 토 11:00~03:00
일 11:00~01:00
shelterbk.com
$$ / MAP p.245-37

HANG OUT

Frankies 457

information

Frankies 457
프랭키스 457
457 Court St. / (718) 403-0033
B/T 4th Place & Luquer St. in Carroll Gardens
F, G Train / Carroll St.
월~목, 일 11:00~23:00 / 금~토 11:00~24:00
frankiesspuntino.com
$$ / MAP p.253-15

두 명의 프랭크가 만든 하나의 이탈리안 식당

— 쫄깃한 카바텔리, 이탈리아 수제 소시지를 넣은 크림소스 파스타 $18

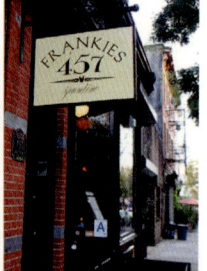

이웃집에서 나란히 자란 같은 이름의 친구가 서로의 길을 떠났다. 18년 동안 연락이 끊겼다가 2003년 11월 우연히 재회한 두 친구는 음식에 대한 철학과 가치관이 서로 비슷한 것을 확인하고 식당을 연다. 제철 채소, 지역에서 자란 농수산물로 만든 음식을 내는 것, 그리고 허세 없는 음식을 만드는 일에 의기투합한 두 친구 프랭크 카스트로노보와 프랭크 팔시넬리의 식당이 바로 프랭키스 457이다. 프랭키스 457의 식재료는 인근 농장 또는 미국 내에서 생산한 것을 사용한다는 원칙을 갖고 있다. 스텀프타운의 커피, 브루클린의 식스포인트 브루어리(맥주 공장), 캘리포니아의 유기농장 앨버트 등과 직접 거래하면서 음식의 품질과 가격을 유지하고 있다. 이런 노력은 뉴욕의 다양한 매체의 주목을 받아 여러 번 소개되었다. 프랭키스 457은 브루클린의 캐럴가든스 외에 맨해튼의 웨스트 빌리지에 2호점(Frankies 570)을 열었다. 브루클린의 소박하고 건강한 식탁의 인기가 검증된 것이다. 꼭 먹어야 할 메뉴는 작은 조가비 모양의 파스타 카바텔리와 이탈리안 소시지가 들어간 House-Made Cavatelli 파스타다. 직접 만든 파스타의 쫄깃한 식감이 지금껏 먹었던 파스타와는 전혀 다른 맛을 선사할 것이다.

NEW YORK
column

브루클린 식탁의 키워드, 지역(Local)과 유기농(Organic)

Eat   *Eat*

　뉴욕의 식탁은 다양하다. 세계 각국의 음식이 모여 각축전을 벌이는 곳이다. 뉴욕의 식탁을 보면 세계의 트렌드가 어디로 가고 있는지를 가늠할 수 있다. 그 다양함 속에서 뉴욕의 먹거리 트렌드는 두 가지 단어로 압축된다. 하나는 로컬 푸드, 뉴욕 인근 지역에서 생산되는 농수산물에 대한 관심이다. 세계 각지에서 수입하거나 미국 내 먼 지역에서 오는 모든 농수산물은 한 가지 공통점이 있다. 긴 유통기간과 그에 따른 다양한 부패방지 처리가 따른다는 것이다. 긴 유통기간은 신선함을 떨어뜨리고, 부패를 막기 위한 여러 가지 약품 처리는 유해 논란에서 벗어나지 못한다. 결국 해답은 뉴욕 인근에서 생산하는 신선하고 안전한 먹거리를 먹는 것이다. 짧은 유통 거리로 신선함이 보장된 로컬 푸드를 찾는 뉴요커가 점점 늘고 있다. 업스테이트 뉴욕과 인근의 다른 주에서 생산된 농수산물이 모이는 농수산물 장터인 팜마켓이 하루도 빠지지 않고 맨해튼과 브루클린에 서는 이유다. 생산자와 구매자가 직접 만나는 팜마켓은 중간 유통 구조를 없애면서 소비자에게는 저렴하게 제공하고, 판매자에게는 더 많은 수익을 준다. 첨단의 도시 뉴욕에서 만나는 재래시장은 과거로 회귀하여 선조의 삶의 지혜를 답습하고 있다.

　유기농, 팜마켓에서 로컬 푸드를 찾았다면 다음 단계는 어떤 방식으로 자랐는지를 확인한다. 어떤 땅에서 무엇을 자양분으로 삼아 자랐는지의 귀결점은 바로 유기농, 오가닉이다. 많은 양을 빨리 그리고 좀 더 저렴한 비용으로 경작하려는 인간의 욕망은 화학비료와 농약, 성장촉진제, 유전자변형 등 수많은 농법을 낳았다. 하지만 먹이사슬에서 벗어날 수 없는 최고 포식자인 인간의 몸에 최종적으로 축적되는 수많은 발암물질이 논란을 낳고 있고, 결국 사람들은 자연으로 돌아가 화학적 농법이 아닌 유기농 농산물을 찾기 시작했다. 브루클린의 사람들도 마찬가지로 먹거리 양에 대한 관심보다 먹거리 질에 대한 관심이 많다.

　로컬 푸드와 유기농에 대한 관심은 얼마나 잘 살 것인가가 아닌 어떻게 잘 살 것인가에 대한 관심이라고 말할 수 있다. 여기에 하나 더, 신선하고 건강한 먹거리, 저렴한 먹거리가 누구의 희생을 담보로 한 것이 아닌 합리적인 유통 구조와 자연 친화적인 공법으로 먹거리의 질 아니 삶의 질을 높이려는 브루클린의 젊은이들에 의해 농수산물 시장은 친근한 시골 장터로 변모하고 있다.

Campbell Cheese & Grocery
캠벨 치즈 앤 그로서리

"이웃들이 먹고 싶어하는 것들을 팔고 싶었죠."
— 알라나와 에린 자매

— 이탈리아 장인이 만든 치즈를 비롯해 뉴욕 인근에서 생산하는 우유로 만든 100여 가지의 치즈를 판매한다.

NEW YORK | EAT
GROCERY

이웃이 원하는 식재료를 파는 자매의 식료품점

뉴욕 식탁의 관심사를 두 눈으로 확인하고 싶다면 캠벨 치즈 앤 그로서리로 가면 된다. 뉴욕과 인근 지역의 로컬 푸드와 로컬 브랜드를 한눈에 볼 수 있다. 플로리다에서 온 알라나와 에린 자매가 운영한다. 브루클린 로리머 스트리트에서 10년을 살며 이웃들이 필요한 식료품이 무엇일까, 사람들은 어떤 걸 먹고 싶어 하는지 고민했다. 동생 에린은 다큐멘터리 제작자 출신으로 음식에도 이야기가 있어야 한다고 생각했다. 두 자매는 사람들이 원하고 자신들이 하고 싶어 하는 이야기가 담긴 식료품을 모았다. 100여 개의 치즈, 브루클린은 물론 뉴욕에서 만드는 브랜드를 선별해 판매하고 있다.

오랜 경험의 이탈리아 치즈 제조자가 생산한 치즈, 그린포인트 오븐리에서 구운 쿠키, 화이트 무스타쉐의 요구르트, 윌리엄스버그 Sfoglini의 파스타, 메트로폴리탄 애비뉴의 Bien Cuti와 Napoli의 빵을 판다. 모두 브루클린 이웃들의 먹거리다. 뉴욕의 트렌드인 루프탑 팜, 브루클린 그랑지의 농작물도 판매하고 있다. 브루클린의 농작물과 식료품으로 만든 샌드위치와 샐러드는 그야말로 브루클린의 맛이다.

— 뉴욕 인근의 농장에서 재배한 질 좋은 농작물과 직접 만든 가공품을 모아 판매하는 식료품 편집숍

information
-
Campbell Cheese & Grocery
캠벨 치즈 앤 그로서리
502 Lorimer St. / (718) 387-2267
B/T Ainslie St. & Powers St. in Williamsburg – North Side
G Train / Metropolitan Ave.
월~토 9:00~21:00 / 일 9:00~20:00
campbellcheese.com
$$ / MAP p.245-107

Blue apron foods
블루 에이프런 푸드

오랜 경험과 전문가의 안목으로 고르고 고른 맛!

식료품을 구매하는 사람 중에서 가장 까다롭고, 가게 주인만큼이나 잘 아는 사람은 누구일까? 아마 식재료를 재가공해 식탁에 올리는 요리사 또는 과거에 가게에서 일했던 경험이 있는 사람일 것이다. 파크 슬로프의 작은 식료품 가게 블루 에이프런 푸드는 '딘앤델루카' 등 맨해튼의 유명 식재료 가게에서 30년 이상 경험을 쌓은 테드 마틴이 운영하는 가게다. 맨해튼의 유명 식당과 식재료 가게에서 쌓은 경험을 바탕으로 뉴욕의 로컬 푸드, 오가닉 제품을 직접 먹어보고 일일이 선별해 판매한다. 블루 에이프런 푸드 역시 이탈리안 치즈 장인이 만든 치즈를 판매한다. 한국에서는 절대 맛볼 수 없는 치즈의 신세계에 눈이 번쩍 뜨인다. 다양한 맛의 절임 올리브, 유럽스타일의 햄과 소시지도 살 수 있다. 블루 에이프런 푸드는 뉴욕 이민자가 고향의 방식으로 만들고 지켜온 경험을 존중한다고 말한다. 뉴욕과 브루클린에 살며 150여 년간 자신들의 방식을 지키고 경험을 쌓아 만들어 판매하는 치즈와 절임, 파스타와 빵, 연어와 햄, 소시지까지 트렌드보다는 전통에 충실한 제대로 된 식료품을 판매하고 있다. 뉴욕에 흘러들어와 대대손손 사는 사람들의 다양한 식료품을 만날 수 있다. 블루 에이프런 푸드는 로컬 푸드와 유기농 두 가지 키워드에 충실한 곳이다. 거기에 전통이라는 단어를 하나 더 붙일 수 있다.

— 다양한 맛의 올리브 절임

information

Blue apron foods
블루 에이프런 푸드
814 Union St. / (718) 230-3180
B/T 6th Ave. & 7th Ave. in Park Slope
2, 3, 4 Train / Grand Army Plaza
월 11:00~18:00 화~금 10:00~19:30 / 토 9:00~19:00
일 10:00~18:00
blue-apron-foods.com
$$ / MAP p.249-30

GROCERY

— 치즈 전문점이라고 해도 좋을 만큼 다양한 종류와 맛의 치즈를 취급한다.

NEW YORK | EAT
GROCERY

O Live Brooklyn
오 리브 브루클린

— 수십 가지 종류의 올리브 오일을 모두 맛볼 수 있도록 해 두었다.

다양함과 깊이 있는 올리브? 오 리브!

다양한 나라의 사람이 모여 일군 미국이란 나라의 식탁의 다채로움은 어제오늘의 이야기가 아니다. 다양한 만큼 2대, 3대를 이어가며 살아온 이민자의 맛은 희석되었을 것이라 생각할 수도 있다. 하지만 외국에 나가면 더더욱 한국다운 맛을 갈구하듯이 브루클린의 이민자도 다르지 않다. 그들은 자신들의 전통 방식, 고향의 맛을 갈구하며 연구하고 그 영역을 넓혔다. 그런 면에서 '오! 리브'를 추천한다. 50여 가지의 올리브 오일을 판매하는 오 리브는 매장부터 신선하다.

가게 양옆에 들어선 통, 그 밑에 놓인 작은 일회용 컵을 보면 꽤 혼란스럽다. 이걸 마시라는 건가? 그렇다, 마시라는 것이다. 클래식 올리브 오일부터 엑스트라버진 오일, 각종 향과 맛을 추가한 다양한 오일을 선보인다. 그 자리에서 모두 맛볼 수 있다. 미국 오클랜드 주의 유명 올리브 농장인 베로나 푸드에서 가져오는 신선한 올리브로 프리미엄 올리브 오일을 선보인다. 한국에서는 볼 수 없는 다양한 올리브 오일, 그 깊이를 느낄 수 있을 것이다.

그 밖에도 발사믹 식초와 나무로 만든 간단한 주방용품을 판매한다. 손맛 가득한 제품들이 오랫동안 서성이게 하는 곳이다.

— 올리브 오일은 물론 손맛 가득한 관련 상품들을 둘러보는 재미도 쏠쏠하다.

information

O Live Brooklyn
오 리브 브루클린
140 5th Ave. / (718) 398-2016
B/T Berkeley Park & Degraw St. in Park Slope
D, N, R Train / Union St.
월~토 11:00~19:00 / 일요일 11:00~18:00
pinkolive.com
$$$ / MAP p.249-25

NEW YORK | EAT
LIST

North

Williamsburg
Greenpoint
Bush Wick

카우 앤 클로브
Cow & Clove

우드 오븐으로 구워낸 햄버거와 스테이크 / 점심, 저녁

291 Kent Ave. Williamsburg
(718) 782–8810
월~일 11:30~15:00, 17:30~22:00
cowandclover.com
$$ / MAP p.245-77

디어 부시웍
Dear Bushwick

미국식 시골밥상 / 저녁, 주말 브런치

41 Wilson Ave. in Bushwick
(929) 234–2344
월~금 18:00~23:00 / 토~일 11:00~23:00
dearbushwick.com
$$ / MAP p.247-19

바오버그
Baoburg

타이 쉐프가 해석한 유럽+아시안 퓨전 퓨전, 저녁

126 N 6th St. / (718) 782–1445
일~목 12:00~23:00
금~토 12:00~24:00
baoburgnyc.com
$$ / MAP p.245-52

엘 알매첸
El Almancen

2인분 같은 1인분 스테이크 / 아르헨티나, 저녁

557 Driggs Ave. / (718) 218–7284
월~목 17:00~23:00 / 금 17:00~24:00
토~일 12:00~24:00
elalmacennyc.com
$$ / MAP p.245-116

파이브 리브스
Five Leaves

인기 만점의 브런치 레스토랑 / 종일 식사 가능, 미국

18 Bedford Ave. / (718) 383–5345
월~일 8:00~01:00
fiveleavesny.com
$$ / MAP p.245-21

더몬트
Dumont

크기와 맛으로 승부하는 수제 햄버거 브런치, 미국

314 Bedford Ave.
(718) 384–6127
일~목 11:30~24:00
금~토 11:30~2:00
dumontburgerrestaurant.com
$$ / MAP p.245-79

에그
egg

프렌치 프레스 커피와 Eggs Rothko

109 N 3rd St. / (718) 302–5151
월~금 7:00~17:00
토~일 8:00~17:00
eggrestaurant.com
$$ / MAP p.245-45

해어필드 로드
Harefield Road

넉넉한 양의 모든 브런치가 $12 브런치, 바

769 Metropolitan Ave.
(718) 388–6870
월~금 12:00~04:00
토~일 11:00~04:00
harefieldbrooklyn.com
$$ / MAP p.245-117

지미스 디너
Jimmys Diner

넉넉하고 저렴한 식사, 수제감자볼 추천 종일 식사 가능

577 Union Ave. / (718) 218–7174
일~목 9:00~22:00 / 금~토 9:00~24:00
jimmysdinerbrooklyn.com
$$ / MAP p.245-63

카페 콜레트
Cafe Colette

주말에는 카페 콜레트에서 브런치를! 브런치, 디너

79 Berry St. / (347) 599–1381
일~목 11:00~24:00 / 금~토 11:00~01:00
일 10:00~24:00
cafe-colette.com
$$ / MAP p.245-35

비스트로 뻬띠드
Bistro Petit

한국인 쉐프의 유명 다이너 / 퓨전스타일, 디너

170 S 3rd St. / (718) 782–2582
월~토 18:00~24:00 / 일 18:00~23:00
bistropetit.com
$$ / MAP p.245-75

솔티
Saltie

뱃사람들의 건강식, 샌드위치와 비스코티 / 스낵

378 Metropolitan Ave. / (718) 387–4777
월~일 10:00~18:00
saltieny.com
$$ / MAP p.245-83

LIST

래빗홀
Rabbithole

래빗홀만의 메뉴와 아름다운 가든
가든, 퓨전
352 Bedford Ave. / (718) 782-0910
일~목 9:00~23:00
금~토 9:00~1:00
rabbitholerestaurant.com
$$ / MAP p.245-80

파이 앤 팅스
Pies-n-Thighs

착한 가격의 바삭바삭한 치킨과 비스킷
미국 서부 스타일, 브런치
166 S 4th St. / (347) 529-6290
월~금 9:00~24:00
토~일 10:00~24:00
piesnthighs.com
$$ / MAP p.245-86

페타 수
Fette Sau

브루클린 주민들이 인정한 바비큐 &
그릴 / 미국, 디너
354 Metropolitan Ave. / (718) 963-3404
월~목 17:00~23:00
금~일 12:00~23:00
fettesaubbq.com
$$ / MAP p.245-89

노스사이드 베이커리
Northside Bakery

폴란드 스타일 건강빵 / 베이커리
149 N 8 St. / (718) 782-2700
월~토 6:00~21:30
일 11:00~21:00
northsidebakery.com
$$ / MAP p.245-49

로버타스
Roberta's

줄을 서서 먹는 부시윅의 명소
이탈리안, 우드오븐 피자
261 Moore St. / (718) 417-1118
월~금 11:00~24:00
토~일 10:00~24:00
robertaspizza.com
$$ / MAP p.247-6

포르니노 그린포인트
Fornino- Greenpoint

10년차 새로운 피자 맛집
이탈리안, 피자
849 Manhattan Ave. / (718) 389-5300
월~목 12:00~23:00
금~토 12:00~24:00
fornino.com
$$ / MAP p.245-7

사무라이 파파
Samurai Papa

컵에 담겨 나오는 초밥과 파파라멘
일식, 라멘
32 Varet St. / (718) 599-7171
월~목 17:00~22:30
금~토 17:00~23:30
일 17:00~22:00
$$ / MAP p.247-9

링고레비오
Ringolevio

지중해를 건너온 웰메이드 밥상
지중해 레스토랑
490 Humboldt St. / (347) 335-0056
월~목 18:00~23:00
금 18:00~24:00
토~일 11:00~16:00, 18:00~24:00
$$ / MAP p.245-75

983-부시윅스 리빙룸
983-Bushwick's Living Room

노트북과 맛있는 삼시세끼
스낵과 식사
983 Flushing Ave. / (718) 386-1133
월~일 10:00~02:00
983bk.com
$$

랍스터 조인트
Lobster Joint

브루클린 랍스터 명소
해산물 레스토랑
1073 Manhattan Ave. / (718) 389-8990
월~금 12:00~24:00
토~일 11:00~24:00
lobsterjoint.com
$$ / MAP p.245-11

그린포인트 피시 앤 랍스터 코
Greenpoint Fish & Lobster Co.

싱싱한 해산물을 직접 골라 주문하는 곳
해산물
114 Nassau Ave. / (718) 349-0400
일~목 12:00~22:00
금~토 12:00~23:00
greenpointfish.com
$$ / MAP p.245-26

카라카스 아레파 바
Caracas Arepa Bar

속을 꽉 채운 직접 구운 콘브레드, 아레파 / 라틴아메리카
291 Grand St. / (718) 218-6050
월~일 12:00~23:00
caracasarepabar.com
$$ / MAP p.245-92

리유니온 카페
reunion cafe

감각적인 인테리어와 트렌디한 카페
브런치, 카페
544 Union Ave. / (718) 599-3670
월~토 7:30~19:00 / 일 9:00~16:00
reunionyc.com
$$ / MAP p.245-69

LIST

남남
Nam Nam

브루클린식 베트남 식당 / 베트남, 퓨전
109 Montrose Ave. / (718) 302-9200
월~일 11:00~21:00
namnamcafe.weebly.com
$$ / MAP p.245-111

이글 트레이딩
Eagle Trading

브루클린표 커피와 저렴한 브런치 세트
브런치, 카페
258 Franklin St. / (718) 576-3217
월~일 8:00~18:00
$$

피츠카랄도
Fitzcarraldo

남부 이탈리아식 슬로우 푸드
이탈리안, 디너
195 Morgan Ave. / (718) 233-2566
월~목 17:00~23:00 / 금 19:00~24:00
토 12:00~16:00, 17:30~24:00
일 12:00~16:00
fitzbk.com
$$

더 바운티
The Bounty

미국식 통 생선 구이는 이런 맛!
미국, 디너
131 Greenpoint Ave. / (347) 689-3325
월 휴무 / 화~수 17:00~23:00
금 17:00~24:00
토 11:00~24:00 / 일 11:00~22:00
thebountybrooklyn.com
$$ / MAP p.245-5

아울 잇터리
AWOL Eatery

농장에서 식탁까지 건강하게
미국, 채식주의
336 Graham Ave. / (347) 457-6258
월~목 17:00~22:00 / 금 17:00~24:00
토 11:30~24:00 / 일 11:30~22:00
awoleatery.com
$$ / MAP p.245-112

원 닉커보커
1 Knickerbocker

작은 접시로 여러 개 주문해 맛보기 좋은 곳 / 미국, 스낵
1 Knickerbocker Ave. / (347) 987-3751
월~화 휴무 / 수~금 18:00~22:00
토~일 11:00~16:00, 18:00~22:00
1-knickerbocker.com
$$ / MAP p.247-1

브리스켓 타운
Brisket Town

낮은 온도의 오븐에서 14시간을 구운 스테이크 / 미국 정통 바비큐 그릴
359 Bedford Ave. / (718) 701-8909
월~화 휴무 / 수~목 17:00~23:00
금 17:00~24:00 / 토 12:00~24:00
일 12:15~24:00
delaneybbq.com
$$ / MAP p.245-84

슬라맛 빠기
Selamat Pagi

브루클린에서 맛보는 발리
인도네시아, 디너, 주말 브런치
152 Driggs Ave. / (718) 701-4333
월 휴무 / 화~금 17:30~23:00
토 11:00~23:00 / 일 11:00~22:00
selamatpagibrooklyn.com
$$ / MAP p.245-16

맬로우 앤 선스
Marlow & Sons

감각적인 브루클린식 제철 밥상
미국, 브런치, 디너
81 Broadway / (718) 384-1441
월~일 08:00~16:00, 17:00~24:00
marlowandsons.com
$$ / MAP p.245-98

South East

**DUMBO
Fort Greene / Prospect Height**

탈드
Talde

한국식 치킨을 파는 퓨전식당 / 아시안 퓨전
369 7th Ave. / (347) 916-0031
월~금 17:00~24:00
토~일 11:00~15:00, 17:00~24:00
taldebrooklyn.com
$$ / MAP p.251-2

블랙 포레스트 브루클린
Black Forest Brooklyn

독일식 프레즐과 굴라쉬 / 독일식, 스낵바
733 Fulton St. / (718) 935-0300
일~수 10:00~1:00 / 목~토 10:00~2:00
blackforestbrooklyn.com
$$ / MAP p.249-37

아트리움 덤보
Atrium Dumbo

자연, 예술 친화적이며 가장 덤보다운 레스토랑, 프렌치, 브런치, 디너
15 Main St. / (718) 858-1095
월~수 11:30~14:30, 17:30~22:30
목~금 11:30~14:30, 17:30~23:30
토   10:30~15:00, 17:30~23:30
일   11:00~15:00, 17:30~23:30
atriumdumbo.com
$$ / MAP p.249-2

칙 피
Chick P

중동과 아프리카 채식 식단
중동, 아프리카
490 Bergen St. / (718) 783-1525
월~금 11:00~22:00
토 11:00~23:00
일 11:30~21:00
chick-p.com
$$ / MAP p.249-41

NEW YORK | EAT
LIST

로만스
Roman's

매일 바뀌는 메뉴의 이탈리안 가정식
이탈리아, 디너
243 Dekalb Ave. / (718) 622-5300
월~목 17:00~23:00 / 금 17:00~24:00
토 12:00~24:00
일 12:00~23:00
romansnyc.com
$$ / MAP p.249-53

더 제네랄 그린
The General Greene

버터밀크 비스코티와 리코타 치즈 케이크 / 미국, 브런치, 디너
229 Dekalb Ave. / (718) 222-1510
일~목 8:00~16:00, 17:00~23:00
금~토 8:00~16:00, 17:00~24:00
thegeneralgreene.com
$$ / MAP p.249-52

에이타
Aita

수제파스타와 소시지 / 이탈리아, 브런치
132 Greene Ave. / (718) 576-3584
월 5:30~22:30 / 화~목 11:30~22:30
금 11:30~23:00
토 11:00~23:00
일 11:00~22:00
aitarestaurant.com
$$ / MAP p.249-56

하바나
Habana

쿠바식 옥수수구이 브루클린 지점
쿠바, 스낵
690 Fulton St. / (718) 858-9500
월~일 11:00~24:00
habanatogo.com
$$ / MAP p.249-36

배터스바이
Battersby

맨해튼까지 사로잡은 창의적인 맛
디너, 미국
255 Smith St. / (718) 852-8321
월~토 17:30~23:00
일 17:30~22:00
battersbybrooklyn.com
$$ / MAP p.249-39

튀슬 힐 태번
Thistle Hill Tavern

다국적 식탁의 화룡정점 불고기 랩
퓨전, 주말 브런치, 저녁
441 7th Ave. / (347) 599-1262
월~금 17:00~24:00
토~일 11:00~16:00, 17:00~24:00
thistlehillbrooklyn.com
$$ / MAP p.251-11

스탁키드
Stocked

집 밖에서 먹는 집 밥
미국 가정식, 샌드위치
635 Vanderbilt Ave. / (929) 234-6554
월~금 8:00~18:00
토~일 9:00~18:00
stockedbrooklyn.com
$$ / MAP p.249-61

South West

Brooklyn Height / Downtown Brooklyn
Park Slope / BOCOCA
Gowanus / Red Hook

버터밀크 채널
Buttermilk Channel

체다 치즈 와플과 버터밀크 치킨 2가지
메뉴면 끝 / 미국 농가식
524 Court St. / (718) 852-8490
월~수 17:00~22:00 / 목 17:00~23:00
금 17:00~24:00
토 10:00~15:00, 17:00~24:00
일 10:00~15:00, 17:00~22:00
buttermilkchannelnyc.com
$$

폭 폭 뉴욕
Pok Pok NY

훈제 개구리 뒷다리와 레몬그라스 치킨
타이퓨전, 디너
117 Columbia St.
(718) 923-9322
월~일 17:30~22:30
pokpokny.com
$$ / MAP p.253-10

알 디 라 트라토리아
Al Di La Trattoria

녹인 버터에 양귀비 씨앗을 넣은 라비올리 / 이탈리아, 정찬
248 5th Ave.
(718) 636-8888
월~금 12:00~15:00, 18:00~23:00
토 11:00~15:30, 17:30~22:30
일 11:00~15:30, 17:00~22:00
aldilatrattoria.com
$$

홈타운 바비큐
Hometown Bar-B-Que

미국 정통 스타일에 브루클린을 감각을 더한 바비큐 / 미국, 바비큐 그릴
454 Van Brunt St.
(347) 294-4644
월 휴관 / 화~금 12:00~23:00
토 12:00~24:00
일 12:00~22:00
hometownbarbque.com
$$

마일 엔드 델리카트슨 부루클린
Mile End Delicatessen Brooklyn

몬트리올 푸틴과 캐나다 맥주
캐나다, 스낵, 브런치
97A Hoyt St.
(718) 852-7510
월~금 11:00~16:00, 17:00~24:00
토~일 10:00~16:00, 17:00~22:00
mileenddeli.com
$$

루칼리
Lucali

GQ가 뽑은 맛있는 피자 가게
이탈리안 피자
575 Henry St.
(718) 858-4086
월~일 18:00~22:00
화요일 휴점
$$ / MAP p.253-31

NEW YORK | EAT
LIST

디폰테스
Defontes

레드 훅의 아침을 여는 샌드위치 가게
샌드위치, 스낵

79 Columbia St.
(718) 625-8052
월~토 6:00~16:00
일 휴무
$$

스티브스 오텐틱 키 라임 파이
Steve's Authentic Key Lime Pies

이름을 걸고 파는 진짜 라임 파이
스낵, 파이

185 Van Dyke St. / (718) 858-5333
월~목 11:00~15:00/ 금~일 11:00~18:00
stevesauthentic.com
$$

카페 루룩
Cafe Luluc

프렌치식 브런치, 팬케이크와 와플
유럽, 아침, 브런치

214 Smith St. / (718) 625-3815
월~목 7:30~24:00 / 금 7:30~2:00
토 08:00~2:00 / 일 8:00~24:00
$$ / MAP p.253-32

스톤 파크 카페
Stone Park Cafe

창조적인 메뉴의 창조적인 맛
퓨전, 종일 식사

324 5th Ave. / (718) 369-0082
월 17:30~22:00
화~목 11:30~14:30, 17:30~22:00
금 11:30~14:30, 17:30~23:00
토 11:30~15:30, 17:30~23:00
일 11:30~15:30, 17:30~22:00
stoneparkcafe.com
$$

정말 맛있는 커피를 마시고 싶다면 찾아다녀야 하는 것이 뉴욕이다

마시기

처음 뉴욕에 도착했을 때, 나는 미국의 커피 맛이 무척 궁금했다. 스타벅스의 고향인 미국, 물론 스타벅스의 발상지인 시애틀과는 정반대 위치에 있는 뉴욕이지만, 무수한 영화 속의 커피를 든 미국인이 내 뇌리 속에 각인되어 있었기 때문이다. 하지만 뉴욕의 커피는 먹거리만큼이나 다양한 맛을 가지고 있어 놀라웠다. 길거리에서 파는 1달러 50센트짜리, 소위 트럭 커피는 원두가 발만 담그고 스치고 지나간 맛이었다. 반대로 맛좋기로 소문난 카페의 값비싼 커피는 그야말로 깊고 진한 맛을 낸다. 무수한 카페가 있지만 소문난 카페는 언제나 만원사례. 어디서든 커피를 마실 수 있지만 정말 맛있는 커피를 마시고 싶다면 찾아다녀야 하는 것이 뉴욕이다. 뉴욕을 대표하는 브루클린 브루어리와 있으리라고는 예상치도 못한 브루클린 와이너리까지 맨해튼의 아성에 도전한 저렴하고 맛난 마실거리가 브루클린에 가득하다. 물론 커피도 마찬가지!

Brooklyn Roasting Company
브루클린 로스팅 컴퍼니

한 잔의 커피에 철학을 담다, Coffelosophy

　이미 1880년대 윌리엄스버그 거리에 줄지어 생긴 자바커피숍 덕에 브루클린은 커피 도시라고 불렸다. 그중 존과 찰리 형제는 덤보에서 미국 최초로 커피 로스팅 사업을 시작했다. 그들이 세운 건물 중 하나가 2011년 브루클린 로스팅 컴퍼니로 문을 열었다. 커다란 건물 안에서 흘러나오는 커피향이 덤보와 이스트 리버, 맨해튼 브리지 사이의 Jay St.를 가득 메운다. 오랫동안 쌓아온 커피의 맛도 맛이지만 'Coffelosophy'라는 말을 만들 만큼 운영 철학이 분명하다. 공정무역을 통해 수입한 유기농 원두만을 취급하며 재활용 컵 사용 캠페인을 벌이기도 한다. 수입의 방식과 환원의 방법을 함께 고민하는 기업으로 사랑받고 있다. 카페 내부에는 커피를 판매하고 마시는 공간과 로스팅하는 공간이 함께 있다. 복층 구조의 한 편에서는 커피 랩도 운영한다. 건물 내부의 인테리어는 모두 재활용 가구로 꾸몄다. 카페 앞에서는 브루클린 로스팅 컴퍼니의 커피를 마시며 담소를 나누는 사람들을 볼 수 있다. 커피를 들고 브루클린 브리지와 맨해튼 브리지를 볼 수 있는 브루클린 브리지 파크로 발길을 돌려도 좋다. 브루클린 로스팅 컴퍼니는 브루클린을 벗어나 일본 오사카에 최초의 해외지점을 내는 등 세계적으로도 명성을 쌓고 있다. 뉴욕은 물론이고 커피와 차에 대해 까다로운 입맛을 가진 일본 사람까지 사로잡은 커피 맛이라니 운영 철학과 더불어 그 맛이 궁금하지 않은가?

NEW YORK | DRINK
COFFEE

— 카페 한쪽에서는 원두를 로스팅하는 과정을 볼 수 있다.

— 커피 맛의 진가를 느낄 수 있는 아이스 카페라테 $5.25

— 가구와 높은 천장 덕에 빈티지다운 느낌이 물씬 난다.

information
-
Brooklyn Roasting Company
브루클린 로스팅 컴퍼니
25 Jay St. / (718) 855-1000
B/T John St. & Plymouth St. in DUMBO
F Train / York St.
월~일 7:00~19:00
www.brooklynroasting.com
$$ / MAP p.249-9

COFFEE

커피와 빈티지의 완벽한 조합

— 진한 맛의 라테가 강력추천 메뉴 $4.50

— DSLR 카메라를 반기지 않는 카페, 랩톱도 지정된 테이블에서만 사용할 수 있다.

이탈리아에서 온 깐깐한 바리스타가 만든 빈티지 카페다. 벽을 가득 메운 검은 벽돌과 천장 마감으로 사용된 나무 위에 적힌 정겨운 손 글씨가 손님을 맞는다. 카운터를 지나 안으로 들어가면 하늘을 향해 열린 테라스가 나온다. 테이블마다 노트북을 들고 무언가에 열중하고 있는 사람과 길게 늘어선 테이크아웃 줄, 간단한 스낵을 즐기는 사람까지 가득하다. 윌리엄스버그의 베드퍼드 애비뉴에서 조금 거리가 있는 블랙 브릭 커피는 인근의 주민이 이용하는 카페다. 현지인처럼 커피를 마실 요량이라면 맛 좋은 커피만으로도 추천할 만한 곳이다. 이탈리안 커피의 깊이와 맛을 브루클린에서 느낄 수 있다. 기본 커피부터 코르타도(에스프레소와 스팀밀크 비율이 1:1인 커피)까지 모두 맛이 좋다. 시간을 거슬러 올라간 것 같은 공간에서 마시는 코르타도를 추천한다.

information

Black Brick Coffee
블랙 브릭 커피
300 Bedford Ave. / (718) 384-0075
B/T 2nd St. & 1st St. in Williamsburg
L Train / Bedford Ave.
월~금 7:00~20:00 | 토~일 7:00~19:00
$$ / MAP p.245-78

COFFEE

Kinfolk 90

— 카페와 바, 예술작업실 등 다양한 목적의 공간이 공존한다.

information

Kinfolk 90
킨포크 90
94 Wythe Ave. / (347) 799-2946
B/T N10th St. & N11th St.
L Train / Bedford Ave.
월~일 12:00~20:00
kinfolklife.com
$$ / MAP p.245-31

브루클린의 킨포크 스타일

킨포크 그리고 포틀랜드. 포틀랜드의 라이프스타일을 담은 잡지 킨포크의 인기는 한국에서도 뜨겁지만, 브루클린도 마찬가지다. 주류에 휩쓸리지 않고 천천히, 느리더라도 사람답게 살겠다는 사람들의 라이프를 담은 잡지 킨포크의 이름을 단 카페가 브루클린에 문을 열었다. 낮에는 카페, 밤에는 바로 변신하는 킨포크 90. 낮에 찾아가면 노트북 앞에 앉아 다들 무언가를 열심히 하는 걸 볼 수 있다. 무슨 일을 하는지 알 수 없지만 그들의 노트북 브랜드는 하나같이 애플이다. 주류에 휩쓸리지 않는 라이프를 꿈꾸는 잡지 킨포크가 문을 연 카페에 줄을 이어 놓인 세계적 주류 애플의 노트북이라니 어쩐지 모순적이다. 바로 이런 모습이 어쩌면 더욱 브루클린다운 건지도 모르겠다. 뉴욕과 LA, 호주, 도쿄 출신 등 네 명의 친구가 뉴욕으로 건너와 시작한 프로젝트라고 한다. 카페뿐만 아니라 바와 클럽 레스토랑, 디자인 가게와 사무실이 공존한다. 그들이 원하고 필요한 기능을 한 곳에 몰아놓은 것 같다. 바로 옆에 킨포크 스토어가 있어 킨포크 잡지는 물론 킨포크 스타일의 옷과 소품을 판매하고 있다. 한국에서 잡지로만 만났던 킨포크의 일면과 만나고 싶다면 윌리엄스버그와 그린포인트가 만나는 지점 즈음의 킨포크 90으로 가자. 물론 제대로 보려면 포틀랜드로 가야 하겠지만.

COFFEE

Java joe

자바 조

커피 향보다 좋은, 사람 냄새 가득!

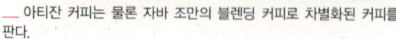

아티잔 커피는 물론 자바 조만의 블렌딩 커피로 차별화된 커피를 판다.

파크 슬로프의 한 귀퉁이, 진한 커피 냄새가 아니었다면 그냥 지나쳤을지도 모를 작은 커피전문점 자바 조. 너무 흔한 이름이지만 전혀 흔하지 않은 커피와 차를 파는 가게다. 주인인 조와 로지 부부는 1992년 파크 슬로프 지역 주민이 좋아할 만한 차와 커피가 무엇일까 고민했고 자신들의 셀렉션을 판매하는 작은 상점을 열었다. 로스팅 원두 5가지, 다양한 원두를 섞은 스페셜 에디션, 유기농 커피와 공정무역 커피, 영국과 아일랜드의 차, 커피와 차에 어울리는 비스킷과 사탕을 판매한다. 커피와 관련된 다양한 제품도 살 수 있다. 가장 눈에 띄는 것은 손으로 일일이 그리고 쓴 제품 라벨이다. 커피만큼이나 오래오래 구경하게 만드는 매력이 있다. 모두 유명 일러스트레이터인 Kimble Pendleton Mead의 작품이다. 손으로 만든 것, 올드 스쿨 스타일을 사랑한다는 부부의 자바 조에는 커피 향보다 진한 사람 냄새가 있다.

information

Java joe
자바 조
414 8th St. / (718) 369-6026
B/T 7th Ave. & 6th Ave. in Park Slope
F, G Train / 7 Ave.
월~토 7:00~19:00 / 일 10:00~18:00
javajoebrooklyn.com
$$ / MAP p.251-3

COFFEE

헤비 우드

하루 종일 열려 있는
흔치 않은 부시윅의 핫스팟

information

Heavy Wood
헤비 우드
50 Wyckoff Ave. / (929) 234-3500
B/T Willoughby Ave. & Starr St. in Bushwick
L Train / Jefferson St.
월~일 8:00~4:00
heavywoodsbar.com
$$ / MAP p.247-24

부시윅은 그라피티로 가득한 빌딩 벽, 늦게 문을 여는 식당과 술집, 클럽으로 오후가 되어야 깨어나는 동네이다. 그러니 아침 8시에 문을 열어 새벽 4시에 닫는 헤비 우드는 단연 튀는 존재다. 이른 아침부터 오후까지 간단한 먹거리와 커피를 팔고 밤에는 위스키를 중심으로 한 술을 판다. 혼자 와서 식사를 해결하고 가는 사람, 커피 한잔으로 아침을 시작하는 사람 등 다양한 층의 브루클린 사람을 만날 수 있다. 헤비 우드에서 가장 눈여겨 볼 것은 시즌별로 달라지는 스페셜 칵테일 메뉴다. 2014년에는 헤비 우드 뒤편에 블랙우드를 오픈해 프라이빗 파티 장소로도 대여하고 있다. 독특한 분위기의 내부와 독특한 음료수로 가볍지 않은 브루클린의 매력을 느껴보자.

COFFEE

라 메조르

엄마가 만들어주던 플로리다 고향 집 샌드위치와 타르트, 플로리다의 쿠반 커피(Cuban coffee)를 콘셉트로 잡고 문을 연 부시윅의 작은 카페다. 플로리다에서 태어나고 자란 루이스 벨라스케스와 제레미 사피엔자 두 남자가 주인이다. 진하고 깊은 맛의 쿠바 커피에 쿠바 스타일 샌드위치와 타르트 등을 함께 선보인다. 쿠바 소다와 전통 차, 샌드위치 등을 맛볼 수 있다. 그중에서도 스팀밀크와 버터, 소금을 넣은 쿠바스타일의 카페 콘레체 만큼은 놓치지 말자. 레드 훅에서 로스팅한 스텀프타운의 원두, 업스테이트 뉴욕에서 자란 유기농 돼지고기와 햄, 휴스턴 밸리에서 들여오는 신선한 우유, 뉴저지의 유명한 베이커리에서 배달되는 쿠바 브레드 등 모든 식재료에 각별히 신경 쓰고 있다. 요즘 브루클린 밥상 트렌드와 궤를 같이 하고 있다. 푸른색의 벽과 내부의 푸른색 타일로 바닷가 기분을 냈다. 눈앞에서 일렁거리는 파도는 없지만, 입안에서 물결치는 커피 향만큼은 부족함이 없다.

플로리다에서 날아온 쿠바의 맛

— 라테아트보다는 맛으로 경쟁하는 라 메조르의 소박한 라테

— 민트와 핫핑크의 외부, 민트와 화이트의 내부가 한여름의 바닷가가 연상된다.

information
-
La Mejor
라 메조르
191 Suydam St.
B/T Wilson Ave. & Central Ave. in Bushwick
M Train / Central Ave.
월~목 9:00~16:00 / 금 10:00~18:00 / 토~일 10:00~4:00
cafelamejor.com
$$ / MAP p.247-29

La Mejor

COFFEE

블루 보틀 커피
별다방의 아성에 도전하는 푸른 병

information

Blue Bottle Coffee
블루 보틀 커피
160 Berry St. / (510) 653-3394
B/T 6th St. & 5th St. in Williamsburg
L Train / Bedford Ave.
월~목 7:00~19:00 / 금~일 7:00~20:00
bluebottlecoffee.com
$$ / MAP p.245-41

오클랜드를 시작으로 미국 전역에 지점이 있는 블루 보틀 커피는 브루클린 브랜드는 아니다. 하지만 커피 맛을 아는 사람이라면 스타벅스 커피보다 블루 보틀 커피를 마셔보자. 블루 보틀 커피는 맨해튼과 브루클린을 통틀어 총 7개의 매장이 있고 젊은이와 예술가가 모이는 첼시, 하이라인 등의 지역에 자리를 잡고 있다. 블루 보틀 커피는 2001년 오클랜드에서 탄생했다. 이후 샌프란시스코와 미국 전역에 퍼지기 시작했는데, 커피의 맛만큼이나 CEO인 제임스 프리맨의 경영 방식도 많은 이슈를 낳았다. 로스팅한 지 48시간 내의 유기농 원두만을 사용하고 다른 커피 가게에서 파는 로고가 새겨진 머그잔과 티셔츠를 팔지 않는다. 오로지 커피에만 주력하겠다는 의지의 표현이다. 윌리엄스버그 매장은 1910년대 공장 건물을 그대로 사용하고 있다. 빈티지 프로뱃 로스터로 로스팅하고 새로운 브랜드인 마르조코 에스프레소 머신과 공들여 복원한 1958 파에마 유라니아 레벨의 에스프레소 머신을 함께 사용한다. 많은 성공 신화가 아메리칸 드림을 채워가고 있지만, 커피로 또 하나의 성공스토리를 만들어가고 있는 블루 보틀 커피. 매주 금요일 정오, 무료 커피 시음 클래스가 열린다. 맛있기로 소문난 블루 보틀 커피를 좀 더 가깝게 맛볼 수 있는 절호의 기회다.

Toby's Estate Coffee
토비스 이스테이트 커피

너희 집 뒷마당에는 무엇이 있니?
호주 뒷마당표 커피

브루클린에서 손꼽히는 커피 가게 중 하나다. 윌리엄스버그를 오가는 사람이라면 토비의 커피 한잔으로 아침을 시작한 경험이 있을 것이다. 통유리 안으로 쏟아지는 햇살과 카페 안을 가득 메우는 커피 향기가 아찔할 정도로 좋다. 사람이 많은 것을 싫어하는 사람이라면 꺼려질 수도 있겠지만 한구석에 자리를 잡고 커피를 홀짝이며 오가는 사람을 구경하는 재미가 쏠쏠한 곳이다.

토비는 창립자의 이름이다. 호주의 집 뒷마당에서 시작된 토비의 커피는 15년 전, 시드니에서 첫 가게를 열며 세상에 알려졌다. 브라질과 과테말라에 있는 커피 농장에서 커피 시음과 매매 기술을 배운 뒤 호주로 돌아가 어머니의 집 뒷마당에서 첫 커피를 재배했다고 한다. 호주에서 유명 커피 브랜드로 자리매김한 토비의 커피는 미국에 진출하여 브루클린의 윌리엄스버그에 문을 열었다. 빈티지한 소품과 높은 천장, 로스팅 기계에서 내뿜는 커피 향으로 단숨에 브루클린에서 가장 주목받는 카페가 되었고, 지금은 맨해튼까지 진출하여 뉴요커의 사랑을 담뿍 받고 있다. 매년 뉴욕 카페 10위 안에 꼬박꼬박 이름을 올리고 있다.

— 가게 안으로 들어서면 진한 향에 코로 먼저 커피를 마시게 된다.

— 손으로 직접 내린 드립 커피를 맛볼 수 있는 것도 이곳의 매력

information
-
Toby's Estate Coffee
토비스 이스테이트 커피
125 North 6th St.
(347) 457-6160
B/T Berry St. & Bedford
Ave. Williamsburg
L Train / Bedford Ave.
월~금 7:00~19:00
토~일 8:00~19:00
tobysestate.com
$$ / MAP p.245-50

COFFEE

— 한자리에 있던 이발소와 카페가 문 하나를 사이로 나뉘었다.

— 맨해튼 점보다 많은 브런치, 식사 메뉴를 주문할 수 있다.

— 카페 공간과 바버숍 모두 심플하게 공간미를 살렸다. 헤어컷 $45, 면도 $50, 면도는 전통 면도 나이프를 사용하는 것이 특징

Blind barber
블라인드 바버

남자들의 사랑방, 이발소의 현대적 해석

2010년 맨해튼의 이스트 빌리지에 새로운 콘셉트의 이발소가 문을 열었다. 머리를 자르고, 커피와 술을 마시며, 좋은 음악 듣기를 동시에 할 수 있는 곳, 유니섹스 시대의 헤어 스타일링이 아니라 오래전 남자들의 사랑방 역할을 하던 이발소(바버샵)를 현대적으로 해석한 결과였다. 클래식한 남성 커트를 하는 남성적인 공간에 커피와 차, 술 등을 좋은 음악을 들으며 마실 수 있는 곳으로 맨해튼에 처음 문을 열었을 때, 이 묘한 장소는 다양한 매체의 관심을 받았다. LA에 2호점을 열고, 3호점은 브루클린에 등장했다. 이스트 빌리지 매장이 낭만적 마초에 기초한 것이라면 브루클린의 블라인드 바버는 힙스터의 공간이다. 'Stay Handsome(스테이 핸섬)'을 외치는 블라인드 바버를 만든 것은 세 남자, 제프 라웁, 조쉬 보이드, 아담 크리쉬다. 남자의 공간에서 마시는 커피 한잔, 앞쪽의 카페 공간을 지나 작은 문을 열면 남자들의 공간인 이발소가 나타난다.

information

Blind barber
블라인드 바버
524 Lorimer St. / 718-599-2435
B/T Ainslin St. & Powers St. in East Williamsburg
L Train / Lorimer St.
월~토 12:00~21:00 / 일 12:00~18:00
blindbarber.com
$$ / MAP p.245-105

— 이발소에서 맛보는 진한 맛의 코르타도 $4.50

NEW YORK | DRINK
TEA

Brooklyn Farmacy & Soda Fountain
브루클린 파마시 앤 소다 폰테인

130년의 시간을 거슬러 약국에서
마시는 에그 크림소다

information

Brooklyn Farmacy & Soda Fountain
브루클린 파마시 앤 소다 폰테인
513 Henry St. / (718) 522-6260
B/T Union St. & Sackett St. in Carroll Gardens
F, G Train / Carroll St.
월~일 10:00~22:00
www.brooklynfarmacyandsodafountain.com
$$ / MAP p.253-30

늘 새로운 것에 열광하는 세대는 이해하기 어려울 수도 있다. 새 건물, 새 공간이 아니라 굳이 오래되고 내부까지 그대로 남아 있는 건물과 장소를 찾아 문을 연 브루클린 파마시 앤 소다 폰테인. 130년 된 건물의 13년 동안 문을 닫았던 약국에 자리를 잡았다. 약국에서 소다수를 팔았던 옛 시절의 향수가 가득한 카페 내부는 오래된 붉은색 의자와 타자기, 약병 등으로 시간을 되돌려 놓은 것 같다. 1800년대 후반 한 약사가 우연히 술을 넣은 소다수를 만들었고, 약국이 소다수 판매점을 함께 운영하기 시작했다. 하지만 1900년대 초 미국에 금주법이 시행되면서 술을 넣지 않은 에그 크림, 체리 라임 리키 등으로 알코올 소다는 대체되었다. 옛 시절의 향수를 재현한 브루클린 약국의 소다수 판매점에는 다양한 브런치 메뉴와 함께, 뉴욕의 옛 맛, 에그 크림이 대인기이다. 초콜릿 시럽과 우유, 달걀 거품의 조화는 뉴요커가 아닌 이방인에게는 경험치를 쌓아줄 뿐이다. 맛으로부터 느끼는 감동은 없을지도 모른다. 단, 130년 된 건물의 오래된 브루클린의 약국으로 시간 여행을 떠난다고 생각하면 색다른 감동에 빠지게 될 것이다.

— 오래전 약국에서 사용하던 소품들을 고스란히 간직하고 있다.

TEA

— 차의 종류가 다양한 만큼 생소한 것들이 많아 스태프에게 취향을 설명하고 입맛에 맞는 차를 추천받는 것이 좋다.

Tea Bar

티 바

윌리엄스버그의 길모퉁이 찻집

윌리엄스버그의 번잡한 베드퍼드 애비뉴에서 조금 벗어난 길모퉁이 찻집 티 바. 동서양을 망라한 다양한 차를 판다. 창문을 따라 줄지어 놓인 테이블에 앉아 차 한 모금 입에 물고 있노라면 브루클린의 여유가 온몸으로 느껴진다. 기본적인 녹차와 홍차는 물론이고 다양한 허브와 맛을 가미한 차를 판매한다. 모두 아이스로도 선택할 수 있다. 거창한 슬로건도 없고, 유명세를 타는 찻집은 아니지만, 동네 사랑방 역할을 톡톡히 하는 곳이다.

information
-
Tea Bar
티바
506 Driggs Ave.
B/T 9th St. & 8th St. in Williamsburg
L Train / Bedford Ave.
월~금 7:00~19:00 / 토 9:00~20:00
일 9:00~19:00
$$ / MAP p.245-56

Brooklyn Brewery
브루클린 브루어리

1988년 브루클린 브루어리의 탄생으로 브루클린의 독일 맥주의 명맥을 이었고, 뉴욕을 대표하는 맥주 브랜드가 되었다.

__브루클린 브루어리에서 생산되는 모든 맥주를 저렴하고 시원하게 즐길 수 있는 브루클린 브루어리 맥주홀

NEW YORK | DRINK
BEER

세계의 10대 맥주로 우뚝 선, 브루클린 맥주

19세기 수많은 독일 이민자가 브루클린으로 몰려왔고 여기저기 양조장이 들어섰다. 백 년 전만 해도 브루클린의 양조장 수는 48개에 달했다. 하지만 1976년 마지막 양조장이 문을 닫으며 브루클린 맥주의 맥은 끊기는 듯했다. 대량생산과 미국산 맥주라는 대대적인 광고에 밀려 진한 맛의 라거와 에일을 생산하던 전통적인 양조장이 설 자리를 잃었기 때문이다. 1988년 한 기자와 은행가, 그리고 브루클린에서 오랫동안 맥주를 만들어온 독일계 후손의 협력으로 브루클린 브루어리가 탄생했다. 브루클린 땅에서, 독일 맥주의 부활은 쉽지 않았다. 이미 시장을 장악한 대형회사와의 힘겨루기, 브루클린 지역 마피아의 공격 등 수많은 역경을 이겨내야 했다. 하지만 지금은 브루클린 지역을 대표하는 맥주일 뿐만 아니라 세계 10대 맥주 브루어리로 손꼽히는 맥주 브랜드가 되었다.

이민의 역사, 그리고 그 명맥을 이어가는 후손들이 일군 미국이라는 나라의 단면과 저력이 아닐까? 이민자의 다양성이 다채로운 문화를 만들어내는 미국의 힘은 여전하다.

브루클린 브루어리 투어는 브루클린에 간다면 놓치면 안 될 것 중의 하나다. 월요일부터 목요일까지는 SMALL BATCH TOURS가 진행된다($10). 반드시 사전에 예약해야 한다(홈페이지 Visit 메뉴에서 예약 가능). 30~40분 정도 걸리며 4가지 다른 맛의 브루클린 브루어리 맥주를 맛볼 수 있다. 자신이 사용한 잔을 가져갈 수 있는 것도 쏠쏠한 재미다. 토요일과 일요일에 진행하는 투어는 무료로 사전 예약 없이 참가할 수 있지만, 맥주 시음은 포함되지 않는다. 그렇다고 아쉬워할 건 없다. 투어를 기다리는 동안 브루어리 내 바에서 맥주를 즐길 수 있다. 현금을 맥주를 살 수 있는 토큰으로 교환해주는데 종류에 따라 다르지만 $5면 맥주 한 잔을 마실 수 있다. 주말 투어는 오후 1시부터 30분 간격으로 진행되며 도착하는 순서대로 투어가 가능한 시간이 적힌 작은 티켓을 나눠준다. 투어 참여 시 티켓을 반납해야 하므로 잃어버리지 않도록 주의하자. 토요일에는 5시, 일요일에는 4시가 마지막 투어 입장 시간이다.

information
-
Brooklyn Brewery
브루클린 브루어리
79 N 11th St. / (718) 486-7722
B/T Berry St. & Wythe Ave. in Williamsburg
L Train / Bedford Ave.
월~목 SMALL BATCH TOURS 운영 / $10
오후 5시 / 최대 30명 예약 선착순 / 맥주 시음 포함
금~일 맥주 바 오픈 / 금 18:00~23:00
토 12:00~20:00 / 일 12:00~18:00
brooklynbrewery.com
$$ / MAP p.245-29

__ 더 샘플러는 이름처럼 다양한 시음행사를 통해 뉴욕은 물론 세계 수제 맥주의 맛을 알리는 허브 역할을 하고 있다.

BEER

비어홀릭을 위한 수제 맥주 천국

— 샘플러의 창립자 3인

— 전 세계에서 모여든 보지도 듣지도 못한 소규모 생산의 수제 맥주들로 샘플러의 선반은 남는 자리가 없다.

The Sampler
더 샘플러

미리 '더 샘플러'를 알았다면 매일 출근했을 텐데! 더 샘플러는 미처 알지 못했던 신세계, 맥주 맛을 모르고 살았던 시간에 대한 보답 같은 곳이다. 300여 가지의 수제 맥주와 양주, 손으로 일일이 직접 쓴 이름과 가격표, 잊을만하면 크고 작은 이벤트를 열어 사람들의 발걸음을 이끈다. 브루클린 브루어리에서 세계적인 맥주를 가진 미국이 부러웠다면 더 샘플러에서는 수많은 작고 맛 좋은 양조장이 다 어디에 숨어 있는지 미치도록 궁금해진다. 웨스트 브룩에서 온 멕시칸 케이크, 사우스 캐롤라이나에서 온 임페리얼 스타우트 그리고 수많은 지역 브루어리에서 만든 수제 맥주가 가득하다. 초콜릿과 바닐라, 시나몬과 후추 맛이 나는 맥주, 듣도 보도 못한 이름의 맥주들은 더 샘플러가 아니면 만날 수가 없다. 가장 흥미로운 것은 Single Cut, Kelso, Pigskill, Clown Shoes 등 뉴욕의 작은 맥주 브루어리에 집중하고 있다는 점이다. 한국에서는 절대로 만날 수 없는 작은 브루어리의 맥주로 뉴욕의 숨은 맛을 느껴보자.

information

The Sampler
더 샘플러
234 Starr St. / (718) 484-3560
B/T Wyckoff Ave. & Irving Ave. in Bushwick
L Train / Jefferson St.
월~목 12:00~23:00
금~토 12:00~24:00
일 12:00~21:00
thesamplerbk.com
$$ / MAP p.247-25

BEER

TØRST
토스트

— 다양한 맥주 탱크로 이어지는 맥주 꼭지들

마스터들의 수제 맥주 혁명

전 세계를 여행하듯 돌아다니며 다양한 맥주 회사와 자신의 레시피를 넣은 한정판 맥주를 만드는 것으로 유명한 덴마크 출신의 마스터 브루어 제페 자닛과 맨해튼의 유명 레스토랑 노마와 모모후쿠의 테스팅 키친 헤드였던 마스터 쉐프 다니엘 번즈가 만나 그린포인트에 수제 맥주 바를 열었다. 200종에 달하는 병맥주와 21가지의 드래프트 맥주를 선보인다. 제페 자닛이 운영하는 브루어리에서 만든 맥주도 맛볼 수 있다. 드래프트 맥주는 최상의 맛을 위해 캘리포니아의 기술자를 초빙해 21개의 탭(맥주를 따르는 일종의 수도꼭지)에 쿨링과 가스믹스를 위한 새로운 기계를 고안해 부착했다.

바에서 보이는 단순한 탭 뒤에 21개의 맥주 탱크로 이어지는 라인이 있다. 21가지 맥주는 매일 교체되며 때로는 시간마다 교체되기도 한다. 이곳의 맥주는 진한 초콜릿 향이 나기도 하고 꿀과 연유 향이 느껴진다. 맛과 향을 잘 음미할 수 있도록 와인 잔에 맥주를 따라준다. 마스터 쉐프 다니엘 번즈는 간단하면서도 정갈한 파인 다이닝에 포커스를 맞춰 맥주와 함께 먹기 좋은 사이드 안주를 내놓는다.

— 맥주 칵테일을 제대로 즐기려면 바텐더와의 소통은 필수다.

information

TØRST
토스트
615 Manhattan Ave. / (718) 389-6034
B/T Nassau Ave. & Driggs Ave.
in Greenpoint
G Train / Nassau Ave.
월~수, 일 12:00~24:00 / 목 12:00~02:00
금~토 12:00~3:00
torstnyc.com
$$ / MAP p.245-24

BEER

— 높은 천장, 넓은 홀, 갖가지 종류의 술이 쌓인 독일식 맥줏집

Spritzenhaus33
스펜츠하우스33

**거리 풍경을 안주로
마시는 독일식 맥주**

information

Spritzenhaus33
스펜츠하우스33
33 Nassau Ave. / (347) 987-4632
B/T Banker St. & Berry St. in Greenpoint
G Train / Nassau Ave.
월~수 16:00~4:00 / 목~일 12:00~4:00
spritzenhaus33.com
$$ / MAP p.245-20

윌리엄스버그와 그린포인트를 잇는 맥캐런 파크 옆, 250석의 커다란 맥주 바 스펜츠하우스33이 있다. 뉴욕의 독일식 비어가든이 열린 공간에 있는 것과는 달리 스펜츠하우스33은 6000스퀘어의 넓은 실내에 있다. 스펜츠하우스는 독일어로 소방서라는 의미로 내부는 철과 나무로 남성스럽게 꾸며다. 뻥 뚫린 커다란 창문 너머로 맥캐런 파크와 거리 풍경을 안주 삼아 맥주를 들이켤 수 있다. 특히 오픈식 비어가든에서는 엄두도 내지 못할 한 겨울의 설경을 바라보며 코끝까지 쩡해지는 차가운 맥주를 마실 수 있어 더욱 좋다. 독일식 맥주 가게답게 독일 함부르크에서 직접 공수해온 테이블과 독일 맥주 리스트가 이곳의 심장이다. 50여 가지의 독일과 미국 수제 맥주를 판매하며, 가격은 $6부터다. 맥주 외에도 와인, 위스키, 칵테일 등 다양한 종류의 술을 판다.

BEER

Radegast Hall & Biergarten
라데가스트 홀 앤 비어가르텐

마시고 노래하고 춤춰라!

information

Radegast Hall & Biergarten
라데가스트 홀 앤 비어가르텐
113 N 3rd St. / (718) 963-3973
B/T Berry St. & Wythe Ave. in Williamsburg
L Train / Bedford Ave.
월~목 12:00~2:00 / 금 12:00~3:00
토 11:00~3:00 / 일 11:00~2:00
radegasthall.com
$$ / MAP p.245-43

BEER

— 주말이면 라이브 공연과 댄싱타임을 즐길 수 있다.

— 술잔을 부딪치는 소리, 거나하게 취기 오른 목소리가 창고를 개조한 홀의 천장까지 닿는다.

— 많은 종류의 술과 안주를 즐길 수 있어, 많은 사람이 함께하는 모임 장소로도 인기가 높다.

음주와 가무라는 말에 딱 맞는 독일식 맥주 가게다. 저녁이면 퇴근 후 한잔하러 들른 사람과 여행자가 뒤섞여 2개로 나뉘는 홀을 가득 메운다. 메인 홀 쪽에는 바, 창고를 개조한 홀에는 오픈 키친이 자리 잡고 있다. 오픈 키친에서는 바로 구워주는 소시지를 따로 주문할 수 있으며 금요일이나 주말 밤에는 공연도 한다. 라이브 공연에 맞춰 흥에 겨운 춤을 추는 손님을 볼 수도 있다. 어디서든 춤을 잘 추건 못 추건 엉성하게라도 흥을 낼 줄 아는 미국인의 모습에 큰 웃음을 선물 받을 것이다. 가끔은 눈 뜨고 보기 힘든 경우도 있지만, 외국인 친구를 만들기에도 좋은 곳이다. 매년 10월 옥토페스트 기간에는 큰 이벤트를 열고 있다. 혹시 10월 옥토페스트 기간에 브루클린을 찾게 된다면 꼭 들러볼 것!

WINE

열정의 맛, 도심 속 와이너리의 매력

취미로 시작한 와인 만들기가 업이 된 남자들이 있다. 회사 일을 하며 3년간 짬짬이 와인을 만들던 두 남자는 자신들이 만든 와인 맛에 반해 회사를 그만두고 브루클린에 와이너리를 연다. 바로 브루클린 와이너리의 시작이었다. 2010년 네 달 만에 브루클린의 윌리엄스버그에 와이너리를 꾸리고 2010년에 재배한 포도로 정식 와인을 만들기 시작했다. 와이너리는 포도가 들어오기 이틀 전에야 완성되었다고 한다. 포도를 직접 재배하지 않고 포도를 들여와 와인을 만드는 방식으로 운영한다. 이런 방식은 도심에서 와이너리를 운영하는 어반 와이너리의 특징이다. 브루클린 와이너리의 포도는 업스테이트 뉴욕과 캘리포니아에서 들여온다. 포도의 신선도를 위해 포도 수확 철이 되면 포도가 도착하는 시간에 맞춰 모든 직원이 만반의 준비를 하고 포도가 도착하는 즉시 와인 만들기 작업에 들어간다. 스테인리스스틸 탱크와 참나무통에서 숙성된 도심 와인의 맛은 어떨까? 놀랍게도 브루클린 와이너리의 라벨을 단 18가지 와인 모두 뛰어난 바디감과 밸런스를 자랑한다. 특히 쁘띠드 쉬라와 피노누아는 단연 추천한다. 오랜 시간을 지나 올드 빈티지를 갖게 된다면 어떤 맛과 향을 품게 될지 기대된다. 와인바도 운영하고 있다. 와인이 만들어지는 과정과 와이너리의 속살이 궁금하다면 와이너리 투어를 해보자. 가격은 $35로 다소 비싼 편이지만 와인을 시음할 수 있고, 자신이 사용한 잔을 가져갈 수 있다. 홈페이지에서 예약할 수 있으며 투어 날짜가 일정치 않아 사전에 미리 확인하는 것이 좋다.

Brooklyn Winery
브루클린 와이너리

— 채광과 분위기가 좋아 와인 뿐만 아니라 결혼식이나 약혼식 장소로도 유명하다.

WINE

▁ 와이너리 투어에 참가하면 이름이 새겨진 와인 글라스를 기념품으로 준다.

▁ 오크통에 넣어 제대로 숙성 과정을 거치는 도시 와인

▁ 와인이 만들어지는 과정을 쉽고 재미있게 설명하고 있다.

▁ 와이너리 투어에 참가하면 브루클린 와이너리의 대표 와인 7가지를 맛볼 수 있다.

information
-
Brooklyn winery
브루클린 와이너리
213 N 8th St. / (347) 763-1506
B/T Driggs Ave. & Roebling St. in Williamsburg
L Train / Bedford Ave.
월~목 5:00~ 23:00
금~일 개인 파티 또는 행사만 진행
bkwinery.com
$$ / MAP p.245-59

The Red Hook Winery

더 레드 훅 와이너리

와인 한 병에 담긴 이야기

사람은 어떻게 돈을 쓰고 싶어 할까? 대량생산과 자동화로 제품의 홍수 속에서 사는 소비자는 양보다는 질에 관심을 기울이기 시작했고, 더 나아가 제품의 가치를 따지기 시작했다. 생산 과정, 원재료의 획득 방법까지도 제품을 선택하는 기준이 되었다. 돈을 좀 더 의미 있는 일에 쓰고 싶어 하고 그를 통해 자신을 꽤 괜찮은 사람으로 인정하고 싶어 한다. 이런 관점으로 와인을 만들기 시작한 것이 바로 레드 훅 와이너리의 오너, 마크 스나이더였다. 전통적인 수작업으로 와인을 만들고, 제한된 분량만 판매하면서 서서히 인지도를 쌓았다. 이야기가 있는 와인을 만들어 인근 주민과 함께 공유하면서 관계를 형성하는 와인의 본질을 공략한 것이다. 그러나 2012년 태풍 샌디의 영향으로 3~4년 이상 숙성한 와인을 포함해 수백 배럴의 와인을 잃었고 장비와 사무실, 테이스팅 룸까지 엄청난 손해를 입었다. 손실을 딛고 와이너리를 재정비하고 테이스팅 룸을 다시 열면서 더 레드 훅 와이너리는 또 하나의 이야기를 만들었다. 브루클린 최초의 와이너리를 잃을 뻔했던 뉴요커들은 레드 훅 와이너리의 재기를 반겼고, 레드 훅 와이너리의 와인을 찾는 사람은 더 늘어났다. 그 후 당연히 브루클린 최초이면서 뉴욕 최고의 와이너리로 자리매김했다. 더 레드 훅 와이너리는 여러 가지 종류의 시음 프로그램을 운영하고 있다. 3가지 와인을 맛볼 수 있는 $5 시음부터 와이너리 투어와 시음이 포함된 프로그램($25)까지 다양하다.

information

The Red Hook Winery
더 레드 훅 와이너리
Pier 41 / 325A 175-204 Van Dyke St. / (347) 689-2432
Van Dyke St.에서 강변 방향 Barnell St. 근처에 위치 in Red Hook
F, G Train / Smith 9St. / 레드 훅 방향 B61번 버스 환승 후 Van Brunt St. 하차
월~금 11:00~17:00 / 토~일 12:00~16:00
redhookwinery.com
$$ / MAP p.253-29

Distilled Spirits

Cacao Pietro
카카오 피에트로

초콜릿보다 달콤한 위도우 제인

information

Cacao Pietro
카카오 피에트로
218 Conover St. / (347) 225-0130
B/T Dikeman St. & Van Dyke St. in Red Hook
F, G Train / Smith 9St. / 레드 훅 방향 B61번 버스
환승 후 Van Brunt St. 하차
월~금 9:00~19:00 / 토~일 11:00~19:00
cacaoprieto.com / widowjane.com
$$$ / MAP p.253-27

뉴욕의 석회암 동굴에서 솟아오르는 물과 도미니카 공화국에서 자란 유기농 카카오, 유기농 설탕으로 만든 럼과 위스키는 어떤 맛일까? 도미니카 공화국 출신의 전 항공우주 기술자가 오너인 카카오 피에르토는 카카오를 베이스로 한 다양한 술을 만들고 있다. 물론 초콜릿 바도 생산한다. 브루클린의 대표 로스팅 업체인 브루클린 로스팅 컴퍼니의 커피와 협업을 진행하기도 했다. 카카오로 만든 다양한 술만큼이나 독특한 분위기의 시음 공간을 가지고 있다. 도미니카 공화국의 초콜릿 생산 역사와 카카오 피에르토의 주조과정 등이 궁금하다면 주말 투어에 참가하자. 물론 시음이 포함되어 있으므로 카카오 베이스의 럼과 위스키 맛을 확인할 수 있다. (토·일 오후 12시, 2시, 4시 / 사전 예약 없이 참가 가능 $15, 개인 투어를 원할 경우 사전 예약해야 하며 비용은 인당 $25)

초콜릿으로 만들 수 있는 모든 것을 총망라하고 있다고 해도 과언이 아니다.

BAR

길모퉁이에 자리 잡은 나이츠 앤 위크엔드는 삼각형 모양을 하고 있다. 독특한 외관 많큼이나 내부 인테리어도 스타일리시하다.

Nights and Weekend
나이츠 앤 위크엔드

칵테일 한잔하기 딱 좋은 시간

맥캘런 파크의 끝자락 즈음 뾰족이 도드라진 건물 하나가 눈에 들어온다. 뉴욕의 유명 브런치 레스토랑 파이브 리브스(Five Leaves)가 만든 바, 나이츠 앤 위크엔드다. 캐러비안과 쿠바스타일의 다양한 칵테일을 판매하고 있다. 그중에서도 럼을 베이스로 한 칵테일이 메인이다. 'St. James Royal Ambre', 'Flor de Cana', 'Ron Zapaca'와 'Cuban Firing Squad'를 추천한다. 칵테일 가격은 $10 정도로 비싸지도 싸지도 않다. 파이브 리브스의 긴 줄을 바라보며 나이츠 앤 위크엔드에서 칵테일을 홀짝여도 좋다. 간단한 브런치와 칵테일에 곁들일 수 있는 사이드 메뉴를 주문할 수 있으며 맛도 좋다. LP로 틀어주는 음악 때문에 더 후한 점수를 줄 수 있는 곳이다.

information

Nights and Weekend
나이츠 앤 위크엔드
1 Bedford Ave. / (718) 383-5349
B/T Lorimer St. & Manhattan Ave. in Greenpoint
G Train / Nassau Ave.
월~일 10:00~3:00
nightsandweekendsny.com
$$ / MAP p.245-22

Soda Bar
소다 바

현실에서 멀어지고 싶을 때 문을 열고 들어서라!

information

Soda Bar
소다 바
629 Vanderbilt Ave. / (718) 230-8393
B/T Prospect Place & St. Marks Ave. in Prospect Heights
B, Q Train / 7 Ave.
월요일~목요일 12:00~2:00
금~일 12:00~4:00
$$ / MAP p.249-44

빨간 스툴과 노란 벽, 핑크 가죽 소파, 빈티지한 아이템으로 가득한 소다 바는 금요일 밤 댄스파티가 열렸던 1900년대의 정서가 흐른다. 실제로 금요일과 토요일 밤이면 라이브 공연과 함께 댄스파티가 열리기도 한다. 1930년대 아이스크림 가게였던 소다 바는 2011년부터 15종류의 드래프트 맥주를 판매하고 요일별로 다양한 이벤트를 여는 바&라운지로 탈바꿈했다. 붉은색 스툴이 빈티지 감성의 1960~70년대를 연상케 한다면, 바 옆의 문 안쪽 홀은 1930년대로 데려다 놓는다. 지역 주민과 뒤섞여 문밖 세상을 잊어버리고 1900년대로의 시간 여행을 만끽하고 싶다면 목요일부터 일요일 중 하루를 공략할 것!

LIST
NEW YORK | DRINK

North

Williamsburg / Greenpoint / Bush Wick

컵
cup
브루클린표 골목 커피 / 카페, 지역 체인
9 Norman Ave. / (646) 265-6494
월~금 6:00~20:00 / 토~일 8:00~20:00
cuponnorman.com
$$ / MAP p.245-18

비어 부티크
Beer Boutique
브루클린 지역 맥주를 포함한 200여 가지의 맥주 / 호프, 맥주 바
497 Union Ave. / (718) 599-0020
월~목 13:00~23:30 / 금 13:00~24:00
토 12:00~24:00 / 일 12:00~23:30
beerboutiquenyc.com
$$ / MAP p.245-73

케이브 에스프레소 바
Kave ESPRESSO BAR
노트북 들고 하루 종일 앉아있고 싶은 카페 / 커피, 카페
119 Knickerbocker Ave. / (718) 360-8685
월~일 8:00~20:00
kavebrooklyn.com
$$ / MAP p.247-16

투 도어 태반
Two Door Tavern
수제 맥주와 근사한 저녁 / 맥주 바, 저녁식사
116 N 5th St. / (718) 599-0222
twodoortavern.com
$$ / MAP p.245-54

버라이어티 그린포인트점
Variety
단 10개의 커피 메뉴 / 카페, 스낵
월~일 7:00~19:00
145 Driggs Ave. / (347) 689-3790
varietynyc.com
$$ / MAP p.245-27

주스 제네레이션
juice generation
갈아 만든 건강 주스
주스 바, 스무디
20108 Bedford Ave.
(718) 782-5075
월~금 7:00~22:00
토~일 8:00~22:00
juicegeneration.com
$$

오슬로 커피 로스터스
OSLO COFFEE ROASTERS
스칸디나비아 테마의 커피숍 / 카페
133-B Roebling St. / (718) 782-0332
월~금 7:00~18:00 / 토~일 8:00~18:00
oslocoffee.com
$$ / MAP p.245-71

마운틴 프로방스
Mountain Province
별 다섯 개짜리 카페라테 전문점
카페, 베이커리
1 Meserole St. / (718) 387-7030
월~목 7:00~19:00 / 금 휴무
토~일 8:00~18:00
$$ / MAP p.245-110

드릭 더 노스만
Dirck the Norseman
스칸디나비아의 맥을 잇는 술과 안주
북유럽, 수제 맥주
7 N 15th St. / (718) 389-2940
월~목 17:00~24:00 / 금 17:00~02:00
토~일 12:00~02:00
dirckthenorseman.com
$$ / MAP p.245-17

곰부차 브루클린
Kombucha Brooklyn
효모를 넣어 발효시킨 힙스터의 건강 차
차 브루어리, 티룸
630 Flushing Ave. / (917) 261-3010
월~금 9:00~17:00 / 토~일 휴무
kombuchabrooklyn.com
$$ / MAP p.247-10

보주
Bozu
20가지의 과일로 만드는 일본식 사케
일식, 사케바
월~목 17:00~23:00 / 금~토 17:00~24:00
일 17:00~23:00
296 Grand St. / (718) 384-7770
oibozu.com
$$ / MAP p.245-94

더 블루 스토브
The Blue Stove
더치 커피와 직접 구운 머핀, 파이
카페, 스낵
415 Graham Ave. / (718) 766-7419
월~금 8:00~21:00 / 토~일 10:00~21:00
thebluestove.com
$$ / MAP p.245-76

베드-빈 와인
Bed-Vyne Wine
나에게 꼭 맞는 와인을 찾아주는 와인바
와인바, 와이너리
월~금 15:00~22:00 / 토 12:00~22:00
일 12:00~19:00
370 Tompkins Ave. / (347) 915-1080
bed-vyne.com
$$

마일즈
Miles
로맨틱한 밤을 위한 와인과 칵테일
와인, 칵테일 바
101 Wilson Ave. / (718) 483-9172
월~토 18:00~02:00 / 일 16:30~02:00
mileonwilson.com
$$ / MAP p.247-27

나이트 오브 조이
Night of Joy
밤의 서정을 만끽하며 칵테일 한잔
라운지, 칵테일
667 Lorimer St. / (718) 388-8693
월~일 17:00~04:00
nightofjoybar.com
$$ / MAP p.245-70

키튼 커피
Kitten Coffee
브라질산 아라비카 커피 빈만 취급하는
로스터 카페 / 카페, 로스팅 수업
187 Skillman St. / (718) 360-8543
kittencoffee.com
$$

LIST

김미 커피
Gimme! Coffee
세계적 수준이라고 자부하는 뉴욕표 커피 / 카페, 로스팅
495 Lorimer St. / (718) 388-7771
월~일 07:00~19:30
gimmecoffee.com
$$

South East
DUMBO / Fort Greene
Prospect Height

리찌몬에이드 브루클린 브릿지점
Iizzmonade
제철과일과 지역 농산물로 만든 건강 에이드 / 주스 바
Brooklyn Bridge Park
월~일 10:00~23:00
izzmonade.com
$$

헝그리 고스트
Hungry Ghost
스텀프타운 빈으로 만드는 마스터의 ristretto / 카페, 스낵
781 Fulton Ave. / (718) 483-8266
월~일 7:00~21:00
hungryghostbrooklyn.com
$$ / MAP p.249-38

더블유 티 에프 커피 랩
WTF Coffee Lab
브루클린 주민들의 찬사가 이어지는 커피 / 커피, 차
47 Willoughby Ave. / (917) 577-0939
월~일 7:00~19:00
$$ / MAP p.249-50

세인트 갬브리너스 비어 숍
St. Gambrinus Beer Shoppe
2500여 종류의 세계 맥주 / 비어 바, 맥주
533 Atlantic Ave. / (347) 763-2261
월~수 14:00~22:00
목~금 14:00~24:00
토 12:00~24:00 / 일 12:00~22:00
stgambrinusbeer.com
$$ / MAP p.249-20

비터 이터스 브뤼하우스
bitter esters brewhouse
수제 맥주를 마시고 배울 수 있는 곳
맥주 바, 브루어리
월~일 12:00~20:00
700 Washington Ave. / (917) 596-7261
bitterandesters.com
$$ / MAP p.249-45

바쿠스 카페
Bacchus Cafe
무제한 샴페인과 함께 주말 브런치를!($29.95) / 이탈리안, 브런치, 와인
411 Atlantic Ave. / (718) 852-1572
월~금 11:00~23:00 / 토~일 11:30~23:00
bacchusbistro.com
$$ / MAP p.249-16

블루프린트
Blueprint
어디서도 마실 수 없는 하우스칵테일
칵테일 바
196 5th Ave. / (718) 622-6644
월~금 16:00~02:00
토~일 12:00~02:00
blueprintbrooklyn.com
$$ / MAP p.249-24

티어스
Teaus
뉴블렌딩 차와 주스 (망고그린티, 파파야 밀크셰이크) / 티룸, 카페
86 5th Ave. / (718) 230-3388
월~일 11:00~22:00
tea4us.com
$$ / MAP p.249-40

데이비드스 티
Davids Tea
캐나다 베이스의 티 전문 숍 / 차 판매점
234 7th Ave. / (347) 223-4637
월~목 10:00~20:00 / 금 10:00~21:00
토 9:00~20:00 / 일 11:00~19:00
davidstea.com
$$ / MAP p.249-29

브루클린 그라인드 커피 로스터스
Brewklyn Grind Coffee Roasters
로스터 삼형제의 훈훈한 아라비카 커피
커피, 로스팅
557 Myrtle Ave.
월~일 8:00~17:00
brewklyngrind.com
$$ / MAP p.249-59

어반 빈티지
Urban Vintage
두 자매의 빈티지 감각 충만한 카페
브런치, 카페
294 Grand Ave. / (718) 783-6045
월~금 8:00~19:30 / 토 휴무
일 9:00~19:30
$$ / MAP p.249-57

South West
Brooklyn Height / Downtown Brooklyn
Park Slope / BOCOCA
Gowanus / Red Hook

스티플체이스 커피 숍
Steeplechase Coffee Shop
수제 도넛과 브루클린 로스팅 컴퍼니의 커피 / 카페
3013 Fort Hamilton Parkway
(347) 799-2640
월~금 7:00~19:00 / 토~일 8:00~19:00
Steeplechasecoffee.com
$$

드라이 덕 와인 앤 스피리츠
Dry Dock Wine & Spirits
다양한 시음회를 운영하는 와인판매점
와인숍
424 Van Brunt St. / (718) 852-3625
월~목 12:00~21:00 / 금~토 10:00~22:00
일 12:00~20:00
drydockny.com
$$

포트 디파이언스
Fort Defiance
매일 바뀌는 흥미로운 와인 리스트
와인바, 레스토랑
365 Van Brunt St. / (347) 453-6672
월, 수~금 10:00~24:00
화 10:00~03:00 / 토~일 9:00~24:00
fortdefiancebrooklyn.com
$$

블랙 마운틴 와인 하우스
Black Mountain Wine House
저렴한 가격의 와인과 데일리 치즈 플레이트 / 와인바
415 Union St. / (718) 522-4340
월~토 15:00~24:00 / 일 11:00~24:00
blackmountainwinehouse.com
$$ / MAP p.253-16

윅오프 스타
Wyckoff Starr
카페라떼 한잔에 샌드위치 테이크아웃 / 카페
30 Wyckoff Ave. / (718) 484-9766
월~일 7:00~20:00
$$ / MAP p.253-7

GET INSPIRED

감명받기

　소호에서 브루클린의 윌리엄스버그로 젊고 가난한 예술가들이 보금자리를 옮겼던 시절의 이야기는 뉴욕에 관심이 있는 사람이라면 누구나 아는 이야기가 되었다. 하지만 그들이 다시 보금자리를 옮기고 또 옮기면서 궤적을 남기고 있음을 아는 사람은 아직 많지 않다. 브루클린의 덤보에서 부시윅까지 이어지는 그들의 행보는 매우 흥미롭다. 때로는 밝고 때로는 어두운, 때로는 가볍고 때로는 무거운 다양성으로 무장한 브루클린의 예술은 훨씬 더 가깝게 느껴진다. 박물관 한구석에 소장되고 박제된 예술이 아닌 거리로 나와 발에 차이는 예술을 만나는 곳이 브루클린이기 때문이다. 어떤 의도로 어떻게 만들어졌건 그들의 예술은 일상과 맞닿아 있으며, 일상을 다시 보게 만드는 힘을 가졌다. 한 걸음을 옮길 때마다 수많은 형태, 다양한 얼굴로 과연 내가 예술일까, 아닐까 하고 묻는 것 같은 거리 브루클린에서 당신이 감명을 받을 것인가의 여부는 온전히 자신의 문제이다. 단, 이게 뭐야? 장난이야 하며 걸음을 돌리다가도 나도 모르게 고개가 돌아가게 하는 것이 있다는 것은 틀림없다.

예술일까, 아닐까?
정답은 네 마음속에 있다!

GALLERY

56 BogArt
56 보그아트

— 각자의 개성을 발산하는 매력적인 9개의 갤러리로 구성되어 있다.

바늘공장의 환골탈태

크고 작은 공장들이 줄지어 서 있는 부시윅의 보그아트 스트리트의 바늘공장이었던 56번지 건물은 브루클린의 갤러리를 이야기할 때 빼놓을 수 없는 곳이 되었다. 2005년 한 사람에 의해 신진 예술가를 위한 공간으로 탈바꿈한 바늘공장은 수많은 작가가 거쳐 간 예술가 성장의 발판이 되었다. 소호와 첼시, 로워 이스트 사이트를 거쳐 부시윅이 갤러리의 거리로 부상하게 될 것이라는 비평가들의 예견을 만들어낸 것도 56 보그아트였다. 이곳은 건물을 유지하는데 필요한 최소한의 비용만을 받을 뿐 비영리로 운영된다. 9개의 갤러리가 상주하는 공간으로 작가는 물론이고, 그들의 작품과 작업을 보고 싶어 하는 사람에게도 문은 활짝 열려 있다.

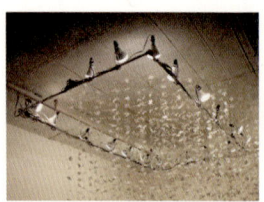

information

56 BogArt
56 보그아트
56 Bogart St. / (718)-599-0800
b/w Harrison Place & Grattan St. in Bushwick
L Train / Morgan St.
목요일~일요일 오후 1시 이후
각 갤러리 별 이벤트, 전시 일정에 따라
관람 가능 일자, 시간이 달라질 수 있다.
반드시 홈페이지를 확인할 것
56bogartstreet.com
무료입장
$$ / MAP p.245-115

GALLERY

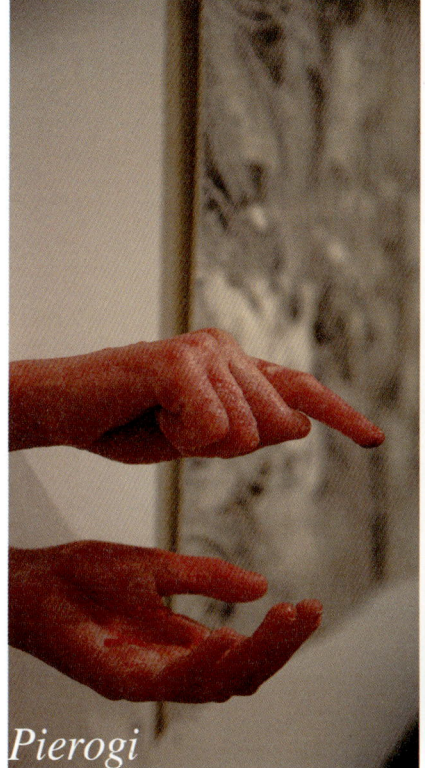 

Pierogi

피어로기

브루클린의 예술 허브

20년의 세월, 수많은 아티스트의 작품이 걸린 피어로기. 신흥 또는 중견 아티스트가 윌리엄스버그에 슬슬 자리 잡던 1990년대 초부터 함께 해온 갤러리이다. 뉴욕에서 예술 작업을 시작한 아티스트 사이에서는 한 번쯤 작품을 걸어야 할 곳으로 꼽힌다. 뉴욕의 10대 갤러리로 선정되기도 했다. 2009년에는 두 번째 전시관을 마련해 넓은 공간이 필요한 비디오아트나 조형물을 전시하고 있다. 피어로기는 작품 판매에도 관심이 높다. 작품 판매는 다음 작품을 기대하게 만드는 원동력이 되기 때문이다. 뉴욕의 신진작가에게 세상과 만날 기회와 세상이 새로운 작가의 탄생을 지켜볼 수 있게 만들어주는 공간 피어로기는 지금도 새로운 작가를 찾고 있다.

information

Pierogi
피어로기
177 N 9th St. / (718)599-2144
b/w Bedford Ave. & Driggs Ave. in Williamsburg
L Train / Bedford Ave.
화~일 11:00~18:00 / 월요일 휴관
pierogi2000.com
무료입장
$$ / MAP p.245-55

GALLERY

— 브루클린 지역의 신진 작가, 특히 일러스트레이터와 캐릭터 아티스트에게 기회를 주는 공간이다.

— 기존에 알던 캐릭터의 재해석도 눈여겨 볼 만하다.

Cotton Candy Machine
코튼 캔디 머신

없어도 살 수 있지만 있으면
행복한 솜사탕 같은!

때로는 그로테스크하게 한 편으로는 키치한 그림과 소품, 책과 티셔츠가 가득한 코튼 캔디 머신. 브루클린과 뉴욕에서 활동하는 일러스트레이터의 작품과 일본, 유럽 등에서 수집한 작품으로 채워져 있다. 코튼 캔디 머신의 주인인 타라 맥퍼슨과 션 레너드 역시 아티스트다. 특히 아트디렉터인 타라의 일러스트와 재해석된 캐릭터는 매우 매력 있다. 현재 브루클린에서 활발하게 활동하고 있는 일러스트레이터가 누군지도 바로 알 수 있다. 일상으로 들여놓고 싶은 달콤한 솜사탕 같은 작은 소품을 발견하기에 딱 좋은 곳이다.

information

Cotton Candy Machine
코튼 캔디 머신
235 S 1St St. / (718) 387-3844
B/T Roebling St. & Havemeyer St. in Williamsburg – South Side
J, M, Z Train / Marcy Ave.
화~일 12:00~20:00 월요일 휴관
thecottoncandymachine.com
무료입장
$$ / MAP p.245-93

Sideshow
사이드쇼

윌리엄스버그 1세대 아티스트의 갤러리

information

Sideshow
사이드쇼
319 Bedford Ave. / (718)486-8180
B/T S2 St. & S3 St. in Williamsburg
L Train / Bedford Ave.
목~일 12:00~18:00
sideshowgallery.com
무료입장
$$ / MAP p.245-82

— 윌리엄스버그의 1세대 아티스트 리처드 팀페리오

1979년 젊은 일러스트레이터였던 리처드 팀페리오는 윌리엄스버그에 자신의 작업 공간을 마련했다. 70년대 후반 위험하고 황량하기 이를 데 없었던 윌리엄스버그에 둥지를 튼 1세대 아티스트다. 넓은 공간과 저렴한 임대료로 마련할 수 있었던 작업 공간, 그러나 전기 코드가 없었다. 그 시절을 지나 1994년 베드퍼드의 커피 가게가 있던 자리에 신진작가를 위한 갤러리를 열었다. 세상에 발표한 적 없는 신인의 작품을 걸 수 있는 또 하나의 공간으로 자리매김했다. 사이드쇼 역시 2014년에 오픈 20주년이 된 브루클린의 터줏대감 갤러리이다. 갤러리의 나이만큼, 백발의 할아버지가 된 팀페리오는 여전히 새로운 작품을 찾아 전시하는데 주저하지 않는 열린 예술가로 브루클린을 지키고 있다.

— 힙스터의 상징인 스케이트보드로 벽을 가득 메운 작품과 함께 20주년을 맞았다.

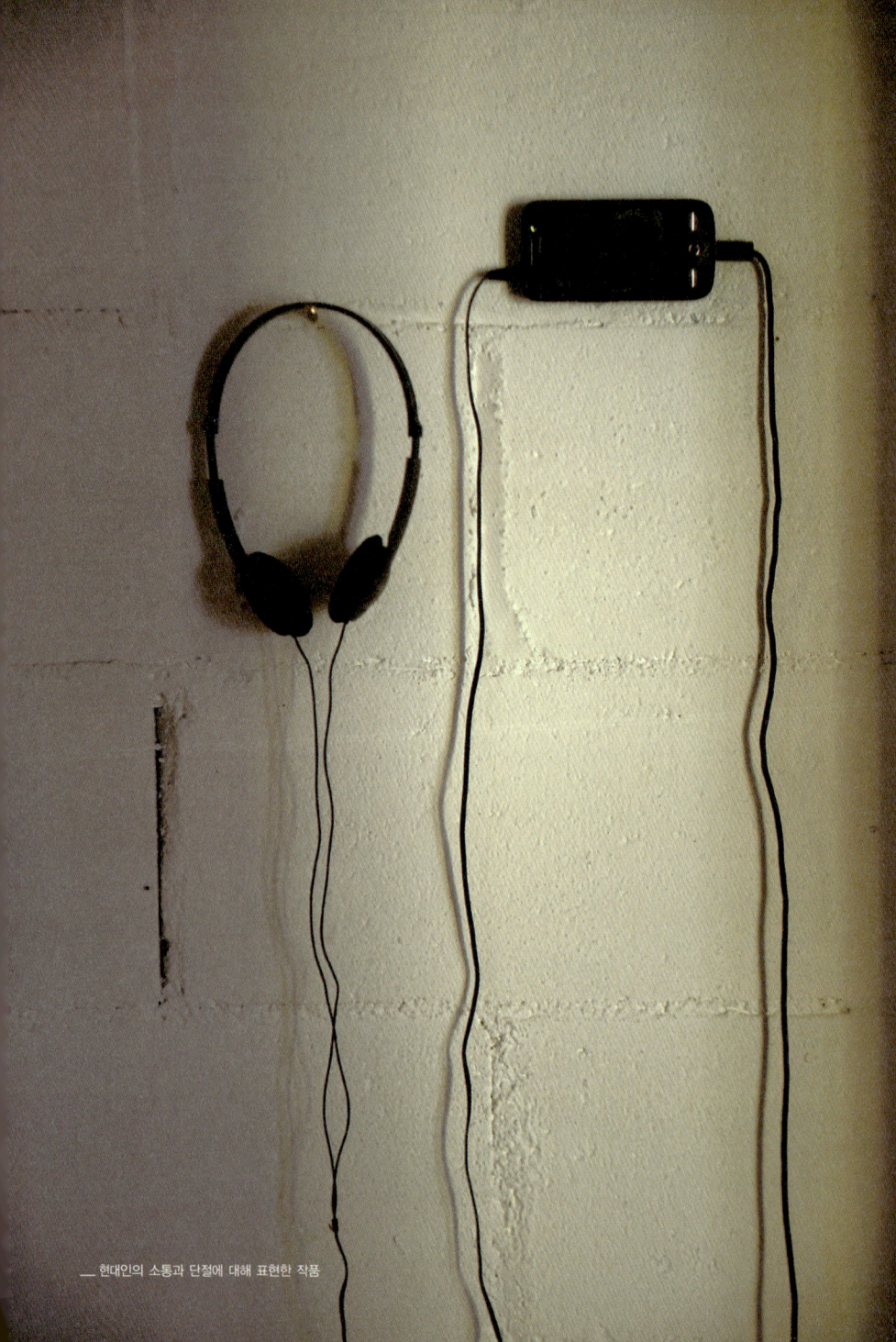

_ 현대인의 소통과 단절에 대해 표현한 작품

GALLERY

맨해튼에 역으로 입성한 저력

Gitana Rosa
지타나 로사

__ 사회적인 이슈와 문제의식으로 주목받는 갤러리 지타나 로사의 설립자 바네사 리버아티

   노란색 외관이 꽤 달콤한 지타나 로사는 뜻밖에 정치, 사회, 환경에 대한 메시지를 가진 작품을 전시하는 공간이다. 2006년 문을 연 이래 사회 전반에 대한 다양한 문제의식을 느낄 수 있는 작품을 기획하고 전시하며 브루클린의 주요 갤러리로 평가받고 있다. 지타나 로사는 작품 판매 수익금의 일부를 환경 단체에 기부한 브루클린의 첫 번째 녹색 갤러리이다. 2014년 3월에는 역으로 첼시에 두 번째 공간을 열었다. 브루클린의 갤러리는 프로젝트 공간으로 운영하면서 더욱 인상적인 작품을 선보이고 있다.

information
-
Gitana Rosa
지타나 로사
19 Hope St. / (718) 387-0115
B/T Roebling St. & Havemeyer St. in Williamsburg
L Train / Bedford Ave.
목~금 13:00~19:00 / 토~일 13:00~17:00
gitanarosa.com
무료입장
$$ / MAP p.245-88

GALLERY

Signal
시그널

유연한 예술적 사고에 응답하라

예술 작가, 아니 일반 사람이라도 꺼릴만한 다 들어지지 않은 커다란 빈 공장을 전시 공간으로 만들었다. 화폭을 떠나 자유롭게 자신의 작품 세계를 펼칠 수 있을 정도의 규모는 실험적이고 역동적인 전시를 할 수 있고, 뉴욕 예술계의 주목을 받는 요인으로 작용했다. 시그널을 방문했을 때, 넓은 전시 공간에 있는 것이라고는 전기로 열렸다 닫히기를 반복하는 문 두 짝뿐이었다. 그리고 전시실을 여유롭게 오가는 고양이 한 마리. 휑하게 남겨진 여백과 어슬렁대는 고양이의 여유가 절묘한 조화를 이루고 있었다. 이건 뭐지 싶다가 이들이 가진 사고의 자유로움에 감동했다. 지금은 어떤 전시로 관람객을 놀랍게 만들고 있을지 궁금하다. 뉴욕에 간다면 가장 먼저 찾아갈 만한 갤러리이다.

information
-
Signal
시그널
260 Johnson Ave. / (347) 746 8457
B/T Bushwick Ave. & White St. in Bushwick
L Train / Montrose Ave.
토~일 13:00~18:00
ssiiggnnaall.com
무료입장
$$ / MAP p.245-113

— 시그널은 공간의 제약 없이 작품을 표현하는 것을 지향한다.

GALLERY

__ 대담하면서도 강한 메시지를 담은 스막 멜온의 전시작은 모두 뉴욕에서 막 주목받기 시작한 신진작가들의 작품이다.

Smack mellon
스막 멜온

예술을 즐기는 사람이 더 많이 늘어나도록!

information

Smack mellon
스막 멜온
92 Plymouth St. / (718) 834-8761
B/T Main St. & Washington St. in DUMBO
A, C Train / High St.
수~일 12:00~18:00 / 월, 화 휴관
smackmellon.org
무료입장
$$ / MAP p.253-1

지금까지 소개한 갤러리들이 신진작가의 설 자리를 마련하는 것에 주력하고 있다면 스막 멜온은 신진예술가뿐만 아니라 예술을 누릴 수 있는 계층을 넓히기 위한 노력도 함께 기울인다. 새로운 작가의 작품을 이해하고 소비할 수 있는 계층의 증가야말로 새로운 작가의 활동 무대를 만드는 가장 궁극적인 방향이라는 것을 정확히 알고 실행에 옮기는 행동파 갤러리이다. 젊은 작가들이 맨해튼에서 브루클린으로 향하던 1995년 설립되었고 5년의 준비 기간을 거쳐 2000년에 전시 공간과 교육프로그램을 갖춘 아트갤러리로 문을 열었다. 신진작가를 위한 지원 프로그램은 물론 큐레이터와 예술비평가 양성을 위한 프로그램까지 운영하고 있다. 매년 덤보 페스티벌에 참가하는 수많은 갤러리 중 단연 돋보이는 퍼포먼스와 비주얼 아트로 주목받고 있다. 뉴욕이 짧은 예술 역사에도 불구하고 세계 예술계를 이야기할 때 빼놓지 않고 등장하는 이면에는 스막 멜온 같은 갤러리의 존재가 있다.

Brooklyn Museum
브루클린 박물관

__ 메트로폴리탄보다 자유롭고, 휘트니 미술관보다 진지하다.

__ 고전부터 모던아트까지 아우르는 폭넓은 작품을 소장, 전시하고 있다.

__ 미국의 아프리카 역사를 보여주는 작품들, 그들의 과거와 현재를 가늠해볼 수 있다.

NEW YORK | GET INSPIRED
MUSEUM

메트로폴리탄보다 가볍고 즐겁게!

브루클린 박물관의 시작은 1823년으로 거슬러 올라가지만, 지금의 모습을 갖추게 된 것은 1913년 이후로 그리 오래된 박물관은 아니다. 규모나 작품 소장 면에서도 맨해튼의 메트로폴리탄보다 부족하다. 하지만 둘 중 하나를 고르라면 브루클린 박물관을 선택하는 사람도 많을 것이다. 2014년 9월부터 2015년 2월까지 열렸던 킬러 힐(Killer Heels) 같은 진보적인 해석의 비주얼 아트를 선보이면서 동시에 고대 이집트 피라미드 벽화와 미라를 소장한 곳으로 과거와 현재가 거침없이 만난다. 메트로폴리탄이 세계적 명화와 방대한 수집품으로 살아있는 교과서 안으로 걸어 들어가는 기분이라면 브루클린 박물관은 고전과 현대 사이 교과서 밖의 세계를 만나는 기분이 든다. 매월 첫 번째 토요일은 오후 11시까지 문을 열며 각종 행사를 진행한다. 자세한 사항은 홈페이지 Visit 메뉴를 방문해 확인하자. 첫째 주 토요일에 브루클린 박물관을 찾으면 뜻하지 않은 예술적 행운을 얻게 될지도 모른다.

__ 파격적이며 섹슈얼한 킬러 힐 작품

information
-
Brooklyn Museum
브루클린 박물관
200 Eastern Parkway / (718) 638-5000
B/T Washington Ave. & Classon Ave. in Prospect Heights
2, 3, 4 Train / Eastern Parkway - Brooklyn Museum
월~화 휴관 / 수 11:00~18:00
목 11:00~22:00 / 금~일 11:00~18:00
매월 첫 토요일 11:00~23:00
brooklynmuseum.org
성인 $16 / 학생 $10 (학생증 제시)
62세 이상 $10 / 만19세 미만 무료입장
(입장료는 권장가격으로 기부금 형식으로 원하는 만큼 입장료를 낼 수도 있다.)
$$ / MAP p.249-46

___ 영화의 감동을 증폭시키는 공연과 식사를 함께 즐길 수 있는 오감만족 영화관이다.

THEATER

Nitehawk Cinema
나이트호크 시네마

information

Nitehawk Cinema
나이트호크 시네마
136 Metropolitan Ave. / (718) 384-3980
B/T Wythe Ave. & Berry St. in Williamsburg
L Train / Bedford Ave.
영화 상영 스케줄에 따라 달라짐
nitehawkcinema.com
일반 성인 $11 / 아동 $9(18세 이상 영화관으로 보호자 동반 입장만 가능)
라이브 공연 포함 영화 관람 $16
브런치와 식사 포함 $25 이상
$$ / MAP p.245-47

영화 관람의 원더랜드를 찾아서!

영화를 보며 한국식 치맥을 즐길 수 있는 영화관이 윌리엄스버그에 있다. 바에서 직접 만든 칵테일과 레스토랑에 비교해도 손색이 없는 다양한 요리를 극장 안에서 즐길 수 있다. 상영 중인 영화에서 영감을 받은 메뉴를 내놓는다니 더욱 흥미롭다. 독립영화와 제3세계 예술영화 극장인 나이트호크 시네마는 영화가 시작되기 30분 전에 영화와 관련된 사전 쇼를 하는 것으로도 유명하다. 영화에 따라 라이브 공연을 하기도 하고, 브런치 메뉴를 내놓기도 한다. 영화에 맞춰 그에 맞는 식사, 공연, 퍼포먼스를 결합한 일종의 패키지 프로그램을 운영한다. 1978년에 제작된 반지의 제왕을 라이브 사운드와 함께 관람하는 경험을 어디서 할 수 있을까? 고전 영화를 단순히 상영하는 데 그치지 않고 새로운 해석과 퍼포먼스를 더해 보여주는 기막힌 아이디어가 혀를 내두르게 한다. 영화관의 1층은 레스토랑과 바가 이어진다. 대기업에 의한 브랜드화, 멀티플렉스화로 동네의 작은 영화관과 예술영화 상영관이 사라지고 있는 우리나라 상황과는 달리, 번득이는 아이디어와 운영 방식으로 2011년에 문을 열어 사랑받고 있는 이 극장이 못내 부러운 것은 어쩔 수 없다.

— 동네 영화관의 소박함을 가지고 있지만 스크린만큼은 그 어느 곳보다 화려하다.

— 매표 기기 옆에는 간단한 스낵과 음료를 즐길 수 있는 바를 운영하고 있다.

THEATER

Cobble Hill Cinemas
코블힐 시네마

칠전팔기의 동네 영화관

information

Cobble Hill Cinemas
코블힐 시네마
265 Court St.
(718) 596-9113
B/T Butler St. & Douglass
St. in Cobble Hill
F / G Train/Bergen St.
월~목, 일 12:30~22:30
금~토 12:30~23:30
cobblehilltheatre.com
성인 $11
아동 $8.50(8세~11세)
노약자 $8.50
$$ / MAP p.253-9

　　문을 닫았다가 다시 열기를 반복했던 코블힐의 작은 영화관이다. 제3세계와 독립영화를 주로 상영했지만, 상업영화에 밀려 존폐 위기를 맞았었다. 꾸준히 아트영화를 상영하고 관람하길 원하는 공급과 수요의 요청으로 어렵사리 유지하다 상업영화 개봉관과 예술영화 상영을 함께 운영하며 지금의 자리를 지키고 있다. 코블힐 영화관 건물은 1879년에 지어진 것으로, 19세기 중반까지 코블힐 일대에서 가장 큰 건물 중의 하나이자 랜드마크였다. 레지던스로 사람들에게 일상 공간으로 대여하다 1961년 영화관으로 문을 열었고, 1981년에는 코블힐에서 최고의 데이트 장소로 꼽히기도 했었다. 그러나 그 시절의 영화는 가고 코블힐이 브루클린 하이츠 같은 역사 지구로 지정되면서 옛 추억으로 남아 옛 향수를 자극하고 있다. 영화를 보지 않더라도 코블힐 시네마를 비롯하여 오래 한 자리를 지켜온 식료품점, 레스토랑, 카페 사이를 산책하듯 걸어 다녀도 좋다.

THEATER

Williamsburg Cinema
윌리엄스버그 시네마

멀티플렉스 스크린 위에
공존하는 상업영화와 인디영화

information

Williamsburg Cinema
윌리엄스버그 시네마
217 Grand St. / (718) 210-2955
B/T Bedford Ave. & Driggs Ave.
in Williamsburg – North Side
L Train / Bedford Ave.
월~일 13:00~24:00(마지막 영화 상영 시간 10시~11시 사이)
williamsburgcinemas.com
성인 $11 / 아동(8세~11세) $8.50
노약자(65+) $8.50
$$ / MAP p.245-81

물론 브루클린에도 멀티플렉스 상영관이 존재하며 상업영화 개봉관이 있다. 하지만 우리나라와 다른 것이 있다면 균형감을 잃지 않는다는 것이다. 대기업이 자신들의 영화를 팔기 위한 도구로 영화관을 인수하고 브랜드화하며 결국 스크린을 점령한 것과는 달리 브루클린의 멀티플렉스 영화관은 상업영화와 그 근간이 되는 독립영화에 대한 관심을 놓지 않는다. 자신과는 전혀 다른 세계 사람의 시각으로 세상을 전달하는 일 또한 쉽지 않는다. 직접 영화를 제작하기보다는 브루클린과 알려지지 않은 세계에서 제작된 영화를 발굴하고 전달하는 데 주력하기에 가능한 일이다.

상업영화와 인디영화를 조화롭게 상영하는 브루클린의 대표적인 멀티플렉스이자, 최초의 독립 멀티플렉스관이 윌리엄스버그 시네마다. 어린 시절부터 브루클린에서 다양한 인디영화를 보며 자란 주인의 경영철학은 확실하다. 영화관이 보여주고 싶은 영화를 강요하는 것이 아니라 관객이 보았으면 하는 영화를 권장하는 것이다. 매우 미묘한 차이지만 이런 경영철학의 차이가 지금의 브루클린만의 멀티플렉스 상영관을 만들었다.

NEW YORK | GET INSPIRED
LIST

GET INSPIRED LIST

North
Williamsburg / Greenpoint / Bush Wick

아트 101
Art 101
아담한 전시장과 작업실이 한 곳에
아시아의 회화 재료에 관심이 많은 갤러리
101 Grand St. / (718) 302-2242
월~목 휴관 / 금~일 13:00~18:00
art101brooklyn.com
$$ / MAP p.245-48

오웬 제임스 갤러리
Owen James Gallery
신인에서 중견작가로 발돋움하는
작가들을 위한 갤러리
감각적이고 자유로운 발상이 가득
61 Greenpoint Ave. Suite 315
(718)-395-4874
월~토 10:00~5:00 / 일 휴관 또는
사전 예약 시 관람가능
www.owenjamesgallery.com
$$ / MAP p.245-4

피규어웍스
Figureworks
다양한 인간 군상을 그리는 프로젝트 진행 중
168 N 6th St. / (718) 486-7021
월~금 휴관 / 토~일 13:00~18:00
figureworks.com
$$ / MAP p.245-62

프런트 룸 갤러리
Front Room Gallery
중간급 작가들을 위해 열린 문
147 Roebling St. / (718) 782-2556
월~목 휴관 / 금 1:00~18:00
frontroom.net
$ / MAP p.245-90

윌리엄스버그 아트 & 히스토리컬 센터
Williamsburg Art & Historical Center
일본인이 설립한 윌리엄스버그 최초의
비영리 아트커뮤니티
135 Broadway / (718) 486-7372
월~목 휴관 / 금~일 12:00~18:00
wahcenter.net
$$ / MAP p.245-99

예스 갤러리
Yes Gallery
참신한 신진작가에게 언제나 Yes!
브루클린 젊은 작가들의 트렌드를 알 수 있는 곳
월~화 휴관 / 수~금 13:00~19:00
토 13:00~17:00
147 India St. / (917) 593-9237
yesgalleryyes.com
$ / MAP p.245-3

브루클린 파이어 프루프 이스트
Brooklyn Fire Proof East
5$ 브런치와 함께 배부른 예술혼
전시, 공연, 식사 모두를 한 장소에서!
119 Ingraham St. / (347) 223-4211
brooklynfireproofeast.com
$$ / MAP p.247-2

마이크로스코프 갤러리
Microscope Gallery
움직임과 소리, 디지털 퍼포먼스
1329 Willoughby Ave. #2B
(347) 925 1433
목~월 13:00~18:00 / 화~수 휴관
microscopegallery.com
$ / MAP p.247-22

웨이페어스
Wayfarers
작가 집단, 여러 명의 작가가 내는 시너지
작업실과 전시 공간이 한 곳에
1109 Dekalb Ave.
brooklynwayfarers.org
전시기간 부정기적, 홈페이지 또는
www.wagmag.org 확인
$$ / MAP p.247-32

더 시티 릴리쿼리
The City Reliquary
도시의 유물을 전시하는 소규모 갤러리
370 Metropolitan Ave. / (718) 782-4842
월~수 휴관 / 목~일 12:00~18:00
cityreliquary.org
입장료 기부금
$$ / MAP p.245-96

시크리트 프로젝트 로보트
Secret Project Robot
역동적이고 도발적인 아트웍을 사랑하는
갤러리
389 Melrose St. / (917) 860-8282
전시 및 관람시간 비정기적, 홈페이지 확인
secretprojectrobot.org
$$ / MAP p.247-18

더 할로우스
The Hollows
두 여자의 감각으로 꾸민 생활, 작업, 전시 공간
신진작가들을 위한 프로젝트
708 Bushwick Ave.
토~일 13:00~18:00
www.hollows.info
hello@hollows.info

토마토 하우스
Tomato House
독립영화 감독 출신이 만든 갤러리
비디오아트 중심의 전시
토요일만 개관 13:00~18:00
301 Saratoga Ave. / (347) 770-7813
Tomatohouse.org

NEW YORK | GET INSPIRED
LIST

South West
DUMBO / Fort Greene / Prospect Height

스카이라이트 갤러리
Skylight Gallery
주목받는 지역 아티스트의 요람
1368 Fulton St. Restoration Plaza – 3rd Floor/ (718) 636–6949
일~수 휴관 / 목~토 13:00~19:00
$$ / MAP p.249-60

에이아이알 갤러리
A.I.R. Gallery
브루클린 여류작가들을 위한 전시 공간
월~화 휴관 / 수~일 11:00~18:00
111 Front St. Suite 228
(212) 255–6651
airgallery.org
$$ / MAP p.249-5

브루클린 아트 콘실 갤러리
Brooklyn Arts Council Gallery
다양한 아트 퍼포먼스를 벌이는 아트그룹
55 washington / (718) 625–0080
월~금 10:00~17:00
토~일 휴관
brooklynartscouncil.org
$$ / MAP p.249-4

이슈 프로젝트 룸
Issue Project Room
실험적이고 선구적 퍼포먼스가 줄을 잇는 곳
22 Boerum Place / 718–330–0313
전시 관람시간 부정기적, 홈페이지 확인
issueprojectroom.org
$$ / MAP p.249-10

클롬칭 갤러리
Klompching Gallery
클롬칭 갤러리
실험적인 파인 아트 사진 갤러리
111 Front St. Suite 206
(212)796–2070
수~토 11:00~18:00
klompching.com
$$ / MAP p.249-7

더 인비저블 도그
The Invisible Dog
예술 작가 군단이 만드는 공연과 전시, 웨딩까지
51 Bergen St. / (646)270–2550
월~수 휴관 / 목~일 11:00~19:00
theinvisibledog.org
$$ / MAP p.249-11

스테판 로마노 갤러리
Stephen Romano Gallery
감각적인 일러스트 트렌드를 반영하는 갤러리
111 Front St. Suite 208
일~목 휴관
수~토 12:00~18:00
646–709–4725
romanoart.com

브릭 하우스
BRIC House
1976년부터 퍼포먼스와 미디어 아트를 지원하는 갤러리
647 Fulton St.
(718) 683–5600
월 08:00~18:00
화~토 8:00~22:00
일 10:00~18:00
bricartsmedia.org
$$ / MAP p.249-18

길드 그린 갤러리
Guild Greene Gallery
아름답고 전위적인 인테리어와 가구
281 Greene Ave.
(347) 457–5179
화~토 14:00~20:00
일 12:00
guildgreenegallery.com
$$ / MAP p.249-58

어반 글래스
Urban Glass
유리공예 전시와 클래스 운영
647 Fulton St. / (718) 625–3685
화~토 12:00~18:00
urbanglass.org
$$ / MAP p.249-17

오픈 소스 갤러리
Open Source Gallery
신인 작가를 발굴하고 지원하는 비영리 갤러리
306 17th St. / (646) 279–3969
일~수 휴관
목 11:00~02:00
금~토 14:00~18:00
opensourcegallery.org
$$ / MAP p.251-9

파이브마일즈
Fivemyles
공연과 전시의 복합 공간
558 St. Johns Place / (718) 783–4438
월~수 휴관 / 목~일 13:00~18:00
fivemyles.org
$$ / MAP p.249-47

South West
Brooklyn Height / Downtown Brooklyn
Park Slope / BOCOCA
Gowanus / Red Hook

비케비엑스 브루클린 박스
BKBX Brooklyn Box
박스 공장에 들어선 대안 전시 공간
543 Union St.
목~금 15:00~18:00
토~일 12:00~18:00
bkbxgallery.com
$$ / MAP p.253-22

프로테우스 고와누스
Proteus Gowanus
끊임없이 변화하는 바다의 프로테우스처럼 유연하게
전시공간과 책방이 함께 있는 갤러리
543 Union St. / (718) 427–2200
월~수 휴관 / 목~금 15:00~18:00
토~일 12:00~18:00
proteusgowanus.org
$$ / MAP p.253-21

핫 우드 아트
Hot Wood Arts
16개의 작업공간과 전시장, 녹음 스튜디오
24시간 불이 꺼지지 않는 예술 공간
481 Van Brunt #9B (2nd floor)
월~금 휴관
토~일 13:00~18:00
www.hotwoodarts.com

켄틀러 인터내셔널 드로잉
Kentler International Drawing
1990년부터 누구에게나 열려있는 문
353 Van Brunt St. / (718) 875–2098
월~수 휴관
목~일 12:00~17:00
www.kentlergallery.com

파이오니어 워크
Pioneer Works
과학과 예술의 콜라보레이션
159 Pioneer St. / (718) 596–3000
월~화 휴관
수~일 12:00~18:00
pioneerworks.org

기발하고 자유롭게 노래하라!

LISTEN

듣기

　　노라 존스, 제이지, 제이슨 므라즈 등 이름만 대면 알만한 미국의 유명 뮤지션을 배출한 브루클린에 130년 역사의 음악당이 존재한다는 것을 아는 사람은 많지 않다. 브루클린은 아직도 한국에서는 잘 알려지지 않은 신대륙이다. 브루클린 하면 자동반사적으로 떠오르는 것이 마지막 비상구이니 말이다. 뉴욕 음악계 아니 세계 대중음악의 트렌드를 이야기할 때 브루클린을 빼놓고 이야기할 수 없다. 맨해튼은 뮤지션에게도 비싼 동네라 수많은 레이블과 뮤지션 역시 브루클린으로 옮겨갔다. 올드스쿨 스타일의 레코드 가게와 소규모 음반기획사, 크고 작은 공연이 펼쳐지는 브루클린은 미국 전역은 물론 전 세계를 호령하는 밴드와 뮤지션의 인큐베이터로 그 역할을 톡톡히 하고 있다.

RECORDS

Rough Trade Nyc
러프 트레이드 Nyc

영국 인디음악 산실의 뉴욕 지점

영국의 명문 인디레이블 러프 트레이드의 뉴욕점이 뉴욕의 다른 어느 곳도 아닌 브루클린의 윌리엄스버그에 있다는 건 어찌 보면 당연한 일이다. 수많은 인디밴드와 그들의 공연이 넘치는 브루클린에 복층으로 꾸며진 러프 트레이드 뉴욕은 그들의 음반뿐만 아니라 지역 밴드 또는 러프 트레이드에서 음반을 낸 뮤지션의 공연이 수시로 열린다. www.roughtradenyc.com 웹사이트에 공연 일정이 빼곡하게 정리되어 있다. 공연 가격도 $10~20 정도로 저렴하다. 공연을 보지 못해도 한국에서는 찾아보기 힘든 엄청난 분량의 레코드와 CD를 둘러보는 것만으로도 찾는 의미는 충분하다.

information

Rough Trade NYC
러프 트레이드 뉴욕
64 N 9th St. / (718) 388-4111
B/T Wythe Ave. & Kent Ave. in Williamsburg
L Train / Bedford Ave.
월~토 11:00~23:00 / 일 11:00~21:00
roughtradenyc.com
공연 별로 관람 금액이 다름
$$ / MAP p.245-32

— MP3로는 느낄 수 없는 아날로그 감성으로 가득하다.

— 창고 가득한 음반 사이에서 러프 트레이드가 추천하는 음반을 듣고 있으면 다른 세상에 온 것 같은 기분이 든다.

RECORDS

Black Gold Record
블랙 골드 레코드

어떻게 이런 곳을? 좋아서!

— 자신들이 좋아하는 것들로 블랙 골드 레코드를 가득 채운 소머와 제프

— 나무 상자에 빼곡히 들어찬 LP 음반과 앤티크 소품을 둘러보는 재미가 쏠쏠하다.

그들의 대답은 간단명료했다. 핸드드립커피와 박제, 우드 케이스에 가득 찬 중고 레코드를 판매하는 가게를 열 생각은 어떻게 했냐고 물었더니 '다 우리가 좋아하는 것들이야'라고 산뜻하게 답한다. 좋아하는 것을 한데 모아 판매하고 공유하는 블랙 골드 레코드는 뉴욕의 10대 레코드 가게로 꼽힌다. 종종 블랙 골드 디그 이벤트를 통해 그들의 방대한 컬렉션을 한 장에 $1에 판매하는데 좋은 레코드를 건지려는 사람들로 가게 앞이 장사진을 이룬다. LP에서만 느껴지는 먼지 음을 들으며 손에 핸드드립커피 한 잔을 쥐고 블랙 골드 레코드 앞에 앉아 있노라면 세상이 꽤나 느릿느릿 여유로운 느낌이 든다.

information

Black Gold Record
블랙 골드 레코드
461 Court St. / (347) 227-8227
B/T Luquer St. & 4th Place in Carroll Gardens
F, G Train / Carroll St.
월 7:00~14:00 / 화·수 7:00~20:00 / 목·금 7:00~21:00
토 10:00~21:00 / 일 10:00~19:00
blackgoldbrooklyn.com
$$ (커피, 음반, 티셔츠 가격 모두 저렴)
$$ / MAP p.253-14

Heaven Street

컬트 오브 유스의 멤버인 션 레이건이 운영하는 헤븐 스트리트는 펑크, 하드코어, 메탈, 포스트펑크, 뉴웨이브 등의 앨범을 판매한다. 중고음반이 주를 이루지만 새롭게 출시된 음반도 함께 취급한다. 90년대 후반부터 2000년대 초반의 앨범과 브루클린 지역에서 활동하는 인디밴드의 앨범도 가득하다. 다른 곳에서는 찾아볼 수 없는 희귀 아이템으로 가득한 레코드 가게다. 인디밴드 멤버의 레코드 가게인 만큼 가게 뒤편에 녹음 스튜디오가 있어 자신의 음반 녹음을 하기도 한다.

information
-
Heaven Street
헤븐 스트리트
184 Noll St. / (718) 381-5703
B/T Wilson Ave. & Flushing Ave. in East Williamsburg, Bushwick
L Train / Morgan Ave.
월~일 12:00~20:00
www.facebook.com/pages/Heaven-street/380333649176
$$ / **MAP p.247-14**

Permanent Records

옛 맛은 잃었지만 그래도 예스러운 음반들

퍼머넌트 레코드를 찾았을 때 사진 속 그 손맛 가득한 숍은 온데간데없었다. 심지어 그린포인트에서 사우스 슬로프로 자리를 옮기는 바람에 길까지 헤매야 했다. 뉴요커가 손에 꼽는 중고 LP 가게인 만큼 끈질기게 찾아간 퍼머넌트 레코드숍. 수많은 음반가게가 문을 닫고 사라져갈 때 문을 닫는 대신 2007년 브루클린의 그린포인트에서 다시 문을 열었다. 그로부터 7년 임대 계약이 만료되면서 2014년 9월 31일로 그린포인트 가게를 닫고 사우스 슬로프로 이사했다. 좋은 콜렉션을 가지고 있기로 유명한 퍼머넌트 레코드는 1960년대부터 2000년대 초반까지 아우르는 방대한 양의 음반을 자랑한다. 손맛 가득했던 그린포인트에 비해 분위기는 덜하지만 콜렉션만큼은 여전히 이 곳, 먼 길 마다하지 않고 찾아간다면 보물 같은 한정판 음반을 찾을 수 있을 것이다.

information

Permanent Records
퍼머넌트 레코드
159 20th St. #1B
(718)383-4083
B/T 4th Ave. & 3rd Ave. in South Slope, D, N, R Train Prospect Ave.
월~일 11:00~07:00(건물 앞에서 벨을 누르면 퍼머넌트 레코드에 왔다고 말해야 함)
permanentrecords.info
$$ / **MAP p.251-7**

RECORDS

Co-op 87
코-옵 87

이웃과 함께 채우고
나누는 레코드숍

2009년 브루클린을 무대로 하는 독립 레이블 Kemado와 Mexican Summer가 차린 레코드숍이 Co-op 87이다. 자신들의 음반은 물론이고 브루클린 지역의 인디밴드와 소울, 재즈, 블루스를 중심으로 하는 콜렉션을 판매한다. 이웃이 가지고 오는 다양한 장르의 레코드가 점점 많아지고, 가게 밖에서 1장에 $1 또는 무료로 배포하는 중고 LP도 점점 더 늘었다. 희귀본 음반을 찾는 사람은 물론이고 상태가 나쁜 레코드판을 사서 다른 용도로 사용하려는 사람까지 찾아온다.

가게 앞에는 인디밴드의 음반을 배치해, 인디밴드와 지역 뮤지션과 친화적인 레코드가게라는 것을 한 번에 알 수 있다. 윌리엄스버그에서 그린포인트로 길을 걷다가 바닥에 주저앉아 음반을 뒤적거리는 사람들을 보게 된다면 그 곳이 바로 Co-op 87일 것이다.

___ 주로 브루클린 지역에서 활동하는 인디밴드와 소울, 블루스, 재즈 음반을 취급한다.

information
-
Co-op 87
코-옵 87
87 Guernsey St. / (347) 294-4629
B/T Nassau Ave. & Norman Ave. in Greenpoint
G Train / Nassau Ave.
월~일 11:00~21:00
$$ / MAP p.245-19

LABEL

Fool's Gold Record
풀즈 골드 레코드

음악으로 할 수 있는 건 다 해봐!

information

Fool's Gold Record
풀즈 골드 레코드
536 Metropolitan Ave.
B/T Union Ave. & Lorimer St.
in Williamsburg
L Train / Lorimer St.
foolsgoldrecs.com
$$ / MAP p.245-102

　　세계의 뮤지션이 모여드는 브루클린이라서 레이블의 국적도 다양하다. 풀즈 골드 레코드는 2007년 캐나다에서 온 2명의 DJ가 설립한 레이블이다. 녹음부터 배급은 물론이고 오프라인 가게와 공연장까지 운영한다.
　　힙합과 일렉트로니카를 주로 다루며 Danny Brown, Kid Cudi, Duck Sauce 같은 뮤지션이 이곳을 통해 세상에 알려졌다. 7년 만에 빌보드와 뉴욕타임스에 소개될 만큼 영향력 있는 레이블로 성장했다. 기존 음악 시장에 맞는 음악을 내놓기보다는 세상에 없던 음악으로 트렌드를 만드는 레이블이 되는 것이 이들의 목적이다. 실험적이고 신선한 밴드와 뮤지션을 찾는 데 주력하면서 끊임없이 공연을 무대에 올린다.

LABEL

Exploding in Sound Records

explodinginsoundrecords.com

뉴욕과 영국에 근간을 둔 레이블로 2011년 Dan Goldin과 Dave Spak이 설립했다. 이들은 음반으로 출시하기 전에 웹사이트를 만들어 함께 작업한 밴드의 과거와 현재를 공유한다. 록 음악은 물론 다른 장르의 음악도 준비하고 있다. 음악이라면 소란스럽든 조용하든 그들에게는 모두 특별하다. 좋은 기술과 솔직함을 기반으로 음악적, 사회적 영향력을 가진 음반을 만들고 있다.

Old Flame Records

oldflamerecords.com

디지털 음원과 아날로그 음반 사이 Old Flame Records가 있다. 홈페이지를 통해 음원을 공유하면서 동시에 카세트테이프와 CD, LP로 음반을 발매한다. 소리가 어떤 매개체에 녹음되느냐에 따라 다른 질감을 갖게 된다는 것을 아는 레이블이다. 기회가 된다면 홈페이지에서 공유하는 음원을 듣고 각기 다른 음반을 구매해 비교하면서 들어보자. 단 당신이 예민하지 않은 귀의 소유자라면 시도하지 말 것!

Tri Angle

tri-anglerecords.com

영국의 유명 음악 블로거 로빈 캐롤란이 만든 레이블로 2011년 창립 당시 그의 나이는 24살이었다. 음악에 대한 어떤 편견도 거부하며, 음악은 어떤 것이어야 한다거나, 어떤 판단도 할 수 없다고 말하는 유연한 사고의 소유자다. 인디밴드의 본고장 영국에서 뉴욕으로 옮겨와 그린포인트에 자리 잡고 브루클린의 인디밴드와 역사에 남을 만한 작업을 하고 있다. 빌보드가 선정한 미국의 50개의 베스트 레이블 중의 하나로 꼽히기도 했다. Kanye West, The Weeknd 등의 유명 뮤지션과의 콜라보레이션으로도 유명하다.

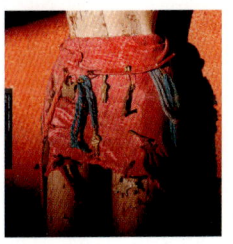

Sacred Bones Records

sacredbonesrecords.com

이미 한국에도 알려진 Zola Jesus, Crystal Stilts 등 브루클린 출신 밴드를 배출한 인디레이블이다. 2011년에는 영국의 음악전문잡지 The Wires는 미국 제1의 레이블로 선정하기도 했다. 인디밴드의 본고장인 영국의 전문 음악잡지에 거론될 정도의 레이블이다. LP 작업을 선호하지만, 디지털 음원 만들기도 마다하지 않는다. 뮤직비디오, 앨범 표지 촬영 등 음반 출시에 필요한 모든 작업을 하는 전문 레이블로 성장했다.

VENUE

부시윅을 더 핫하게!

information
-
Radio Bushwick
라디오 부시윅
22 Wyckoff Ave.
(917) 893-8935
B/T Troutman St. & Starr St. in Bushwick
L Train / Jefferson St. and 1 more Station
radiobushwick.com
공연마다 다름
$$ / MAP p.253-8

── 라디오 부시윅의 핫 타임은 목요일이다.

부시윅으로 향하는 L트레인을 타고 제퍼슨 스트리트에서 내려 윅오프 쪽으로 걷다보면 만날 수 있는 곳이다. 문안으로 들어서면 평범한 바로 보이지만, 바 뒤쪽에 연결되는 홀은 연일 각종 라이브 공연으로 부시윅을 달군다. 이곳은 2013년 11월에 문을 연 부시윅 최초의 전문 공연장이다. 요즘 뉴욕은 불금보다는 불목이 대세로, 부시윅의 목요일 밤도 뜨겁기 그지없다. 부시윅 목요일 밤의 화룡점정을 찍는 곳이 바로 이 라디오 부시윅이라고 해도 과언이 아니다. 지역 인디밴드는 물론이고 타지역에서 온 유명 인디밴드의 공연도 볼 수 있다.

니팅 팩토리

information
-
Knitting factory
니팅 팩토리
361 Metropolitan Ave.
(347) 529-6696
at Havemeyer St. in Williamsburg
L Train / Bedford Ave.
bk.knittingfactory.com
공연마다 다름
$$ / MAP p.245-67

── 브루클린에서 활동하는 수많은 인디밴드를 만날 수 있다.

미국 지역에 총 10개의 콘서트 하우스를 가지고 있는 니팅 팩토리, 그중 브루클린 콘서트 하우스는 단연 눈에 띄는 존재다. $15~$20 정도면 무대를 들었다 놨다 하는 브루클린 인디밴드의 공연을 볼 수 있다. 니팅 팩토리는 빼곡히 찬 캘린더와 함께 묻는다. 너 뭐 볼래? 선택의 폭이 정말 넓다. 몇 달 뒤 뉴욕으로 여행을 계획하는 사람이라도 방문 시기에 적절한 공연이 준비되어 있을 만큼 연일 무대가 펼쳐지는 곳이다. 더불어 이들의 공연 일정을 보면 브루클린에서 활동하는 밴드가 이렇게 많았어 하며 새삼 놀랄 것이다.

VENUE

— 유명 디자이너 Tucker Viemeister가 디자인한 화려한 무대를 볼 수 있다.

불타는 밤을 위한 모든 것

베이비즈 올 라이트 역시 입구에 들어서면 평범한 레스토랑이나 바 정도로 보이지만, 테이블 너머 바 뒤에는 전혀 다른 세상이 펼쳐진다. LCD로 장식된 벽과 그 앞에 놓인 무대, 밤을 가득 메우는 열기가 뜨거운 공연장이 자리 잡고 있다. 베이비즈 올 라이트의 무대는 뉴욕의 유명 디자이너 Tucker Viemeister의 작품이다. 퓨전 스타일의 레스토랑 메뉴와 베이비즈 올 라이트만의 칵테일도 인기가 많다.

맛있는 음식, 스타일리시한 칵테일, 멋들어진 공연까지 삼박자를 갖추고 있어 뉴욕에서 데이트하기 좋은 장소로 추천되기도 한다. 음악 마니아가 아니라도 먹고 마시고, 온몸을 다해 즐기고 싶은 사람에게 딱 좋은 곳이다.

information
-
Baby's All Right
베이비즈 올 라이트
146 Broadway / (718) 599–5800
B/T Driggs Ave. & 6th St. in South Williamsburg
J, M ,Z Train / Marcy Ave.
월~금 17:00~4:00 / 토~일 23:00~4:00
babysallright.com
공연마다 다름
$$ / MAP p.245-100

마요네즈 공장에
울려 퍼지는
브루클린의 감성

— 공장을 개조해 무대와 바, 녹음실까지 갖춘 뮤직홀로 재탄생했다.

information
-
Music Hall of Williamsburg
뮤직홀 오브 윌리엄스버그
66 N 6Th St.
B/T Wythe Ave. & Berry St. in Williamsburg
L Train / Bedford Ave.
musichallofwilliamsburg.com
공연마다 다름
$$ / MAP p.245-38

브루클린에 공장이 없었다면 지금의 브루클린엔 뭐가 남을까 싶을 정도로 공장의 거침과 날 것의 느낌을 살려 갤러리와 콘서트 하우스, 가게와 레스토랑으로 문을 연 곳이 많다. 뮤직홀 오브 윌리엄스버그도 마찬가지로 마요네즈 공장이었던 곳을 콘서트홀로 바꿔 놓았다. 2007년에 문을 연 이후 꾸준한 인디밴드 공연을 올리고 있다. 한 공간에서 공연과 녹음 작업을 할 수 있다. 관객을 위한 바도 마련되어 있다.

VENUE

Brooklyn Bowl
브루클린 보울

브루클린 동네 사람들이 노는 법

information

Brooklyn Bowl
브루클린 보울
Wythe Ave. / (718) 963-3369
B/T N11St. & N12St. in Williamsburg
L Train / Bedford Ave.
월~수 18:00~24:00
목~금 18:00~02:00
토 12:00~02:00
일 12:00~24:00
brooklynbowl.com
$$ / MAP p.245-28

하고 싶은 것을 모두 모아 놓은 멀티플레이 공간은 일종의 트렌드 같다. 공연을 보며 먹고 마시는 것이 자칫 공연 매너에 어긋나는 것처럼 이야기하던 시대는 지났다. 볼링장과 바, 레스토랑을 한꺼번에 휘어잡는 밴드의 공연이 펼쳐지는 곳, 바로 브루클린 보울이다. 블루리본 서베이가 선정한 레스토랑, 16개의 볼링 라인과 브루클린 브루어리의 맛 좋은 맥주가 같은 공간에 펼쳐진다. 롤링스톤지는 "One of the most incredible places on earth(지구에서 가장 믿을 수 없는 장소 중 하나)"라고 표현했을 정도이다. 1988년 지어진 철공소를 고쳐 만든 또 하나의 공장이 변신한 라이브 홀 중의 하나이다.

__ 맥주와 공연, 볼링을 한 공간에서 즐길 수 있는 공간이다. 요즘 브루클린에는 이런 복합공간이 늘어나고 있다.

VENUE

— 볼링은 미국의 가장 대중적인 스포츠 중 하나로 브루클린도 예외가 아니다.

— 볼링 경기 요금 카운터, 안쪽으로 들어서자마자 보인다.

BAM cafe
뱀 카페

— 음악 공연은 언제나 무료로 즐길 수 있다. 단! 공연 스케줄을 미리 확인할 것

음악 예술 또한 대중의 것!

information

BAM Cafe
뱀 카페
30 Lafayette Ave. / (718) 623-7811
B/T Ashland Place & St. Felix St. in Fort Greene
G Train / Fulton St.
홈페이지에서 공연 시간을 사전에 반드시 확인할 것
bam.org
Free
$$ / MAP p.249-19

아트, 예술이라는 말이 가지는 위엄과 범접할 수 없음은 뱀 카페에서는 다른 세계 이야기다. 'Brooklyn Academy of Music'의 줄임말로 150년 역사를 가진 브루클린 음악 대학 안에 자리 잡은 공연장 중 하나로 음악 공연은 물론이고 아래층에서는 댄스와 퍼포먼스 공연을 위한 무대가 따로 있다. 한 건물 안에 영화관과 2개의 공연장이 공존한다. 매일 영화를 상영하고, 주중과 주말에 열리는 음악 공연, 각종 이벤트와 축제가 쉴 새 없이 열린다. 브루클린 예술의 심장이라고 할 수 있다. 그 중 라이브 공연장인 뱀 카페에서 금요일과 토요일 무료 공연을 볼 수 있다. 록과 재즈, 로큰롤과 팝 등 다양하고 폭넓은 장르의 공연이 펼쳐진다. 공연 시작 전에 칵테일과 음료수를 즐길 수 있으며 식사도 할 수 있다. 공연장 특유의 독특한 분위기에서 먹는 저녁과 이어지는 환상적인 공연으로 주말이면 발 디딜 틈이 없다.

NEW YORK | LISTEN
LIST

LISTEN LIST

유니온 홀
Union Hall

밴드의 쇼 케이스를 볼 수 있는 기회
절대 조용히 있을 수 없는 광란의 무대
702 Union St. / (718) 638-4400
월~금 16:00~04:00
토~일 13:00~04:00
unionhallny.com
$$ / MAP p.249-26

페테스 캔디 스토어
Petes Candy Store

작지만 감각적인 무대로 인기 만점
709 Lorimer St. / (718) 302-3770
월~수 17:00~2:00 / 목 17:00~4:00
금 16:00~4:00
토 15:30~4:00 / 일 15:00~2:00
petescandystore.com
$$ / MAP p.245-68

더 벨 하우스
The Bell House

심장을 울리는 사운드의 밴드 공연
149 7th St. / (718) 643-6510
thebellhouseny.com
$$ / MAP p.245-51

더 피프스 이스테이트
The Fifth Estate

뉴욕 타임즈가 추천하는 라이브 바
506 5th Ave. / (718) 840-0089
월~일 16:00~04:00
fifthstatebar.com
$$ / MAP p.253-26

스키니 데니스
Skinny Dennis

매일 매일 꽉차있는 공연 스케줄, 단 금
요일은 제외
152 Metropolitan Ave. / (212) 555-1212
skinnydennisbar.com
$

프레디스 바
Freddy's Bar

지역 예술가는 물론 언론이 극찬한 라이
브 바
627 5th Ave. / (718) 768-0131
월~일 12:00~4:00
freddysbar.com
$$ / MAP p.251-8

바버스
Barbes

재즈와 블루스 라이브 바
376 9th St. / (347) 422-0248
공연 일정에 따라 다름, 홈페이지 참조
barbesbrooklyn.com
$10 기부
$$ / MAP p.251-2

세인트 마지
St. Mazie

아름다운 가든과 클래식 연주
살롱 음악과 함께 한 끼를 즐길 수 있는 곳
345 Grand St. / (718) 384-4807
월~금 18:00~4:00 / 토~일 11:00~4:00
stmazie.com
$$ / MAP p.245-97

머치모어스
Muchmore's

매일 밤 사이드 룸 또는 프론트 룸에서
열리는 밴드 공연
2 Havemeyer St. / (718) 576-3222
월~목 10:00~24:00
금~토 10:00~01:00 / 일 10:00~24:00
muchmoresnyc.com
$ / MAP p.245-65

리틀필드
Littlefield

국내외 밴드의 공연은 물론 전시, 영화
상영
622 Degraw St. / (718) 855-3388
공연과 전시, 상영 시간 확인
littlefieldnyc.com
$$ / MAP p.253-23

세인트 비투스
Saint Vitus

매일매일 새로운 공연이 무대에 오르는 곳
1120 Manhattan Ave.
월~토 18:00 / 일 18:00~24:00
saintvitusbar.com
$$

달리기

    달리고 또 달리고, 뉴욕 사람들은 아침저녁으로 달린다. 마치 달리는 것이 소명이라도 되는 듯 뉴욕의 여기저기에서 달리는 사람을 만날 수 있다. 공원과 강가는 물론이고, 아스팔트 깔린 도시의 한복판에서도 달린다. 자전거도 좋고 두 발만 있어도 좋다.

    천혜의 자연환경을 가진 것도, 눈부시게 아름다운 풍광을 지닌 것도 아닌 메마르고 차가운 도시를 달리는 사람들. 브루클린과 맨해튼을 가르는 이스트 리버와 고즈넉한 프로스펙트 파크를 찾으면 달리고 또 달리는 이유를 알게 된다. 숨 가쁘게 돌아가는 도시에서 시간의 흐름을 원래의 자리로 돌려놓는 브루클린만의 휴식 방법을 따라 달려보자.

Brooklyn Bike Map
www.nycbikemaps.com/maps/brooklyn-bike-map

도시에서의 휴식 시간을 제대로 느낄 수 있는

BIKE TOUR

뉴욕은 미국의 다른 지역과는 달리 대중교통이 잘 발달한 곳이다. 지하철과 버스를 이용하면 뉴욕의 곳곳을 누빌 수 있다. 하지만 지하철이나 버스를 타고 지나치며 놓치기에는 아쉬운 것이 너무 많은 곳이기도 하다.

첨단의 도시 뉴욕은 뜻밖에 오래되고 역사적인 건물이 즐비하다. 특히 브루클린 지역은 다양한 이민자가 거쳐 가며 남긴 역사지구가 고즈넉한 멋 또는 거친 매력을 내뿜는 곳이다. 브루클린의 어제와 오늘, 그 역사적 흔적을 더듬는 여행을 하고 싶다면 자전거 투어만 한 것이 없다.

브루클린 지역을 달릴 수 있는 여러 바이크 투어 프로그램이 있다. 시즌별로 다른 내용의 투어가 진행되기도 하고 4시간 또는 종일 진행되는 투어까지 종류가 다양하다. 자전거 대여도 활성화되어 있어 하루 정도 시간을 내어 자전거로 브루클린을 누벼도 좋다. 시티바이크의 도입으로 자전거를 빌려 달리기에 더욱 좋은 도시가 되었다.

여행자를 위한 자전거

BIKE TOUR

Get Up and Ride
겟 업 앤 라이드

information

Get Up and Ride
겟 업 앤 라이드
가격: $65~140
예약 방법: 홈페이지(각 투어별 페이지에 예약 버튼)
전화번호: (646) 801-2453
www.getupandride.com

브루클린을 돌아보는 가장 기본적인 투어를 선택할 수 있다. 브루클린의 베스트 피자 레스토랑에서의 식사와 페리 탑승, 역사적인 장소를 둘러보는 클래식 투어가 있다. 페리 탑승 여부에 따라 가격이 조금 다르다. $29면 4시간 동안 자전거를 빌릴 수 있다. 겨울을 제외한 시즌에는 부시윅 스트리트 아트 투어, 브런치 바이트 자전거 투어도 시도해 볼 만 하다. 특히 부시윅 스트리트 아트 투어는 그라피티뿐만 아니라 부시윅 힙스터의 핫 플레이스인 라이브 공연장, 카페와 바, 초콜릿 공장을 돌아본다. 부시윅이 지금의 모습이 되기까지의 역사를 들어보는 것도 좋은 경험이 될 것이다.

Brooklyn Bike tour
브루클린 자전거 투어

information

Brooklyn Bike tour
브루클린 자전거 투어
가격: $75~
예약방법: 홈페이지 메일 이용 / 전화
전화번호: (917) 251-3549
brooklynbiketours.com

브루클린을 거쳐 간 다양한 민족만큼이나 다채로운 디저트와 민속 음식을 경험할 수 있는 투어를 운영한다. 가장 매력적이면서도 재미있는 투어가 아닐까? 디저트 앤 스위트 투어(Desserts & Sweets Tour)는 그린포인트와 윌리엄스버그에서 레드 훅까지 브루클린의 명물 반루웬 아이스크림 본점, 브루클린 파마시 앤 소다 파운데이션, 베이크 등의 달콤한 가게를 순례한다. 물론 모든 푸드 샘플이 투어 가격에 포함되어 있다. 브루클린 컬처 앤드 스페셜 이벤트 투어(Brooklyn Cultural and Special Event Tours)는 시즌별로 가장 열정적인 지역, 또는 페스티벌 위주로 투어를 진행한다.

BIKE SPOT

__ 이스트 리버 사이드에서 바라본 일몰

East River Side
이스트 리버 사이드

덤보를 시작으로 레드 훅까지

    덤보에는 갤러리도 많지만, 자전거 대여점, 수리점도 많다. 덤보를 시작으로 이스트 리버 사이드를 달릴 수 있는 시작점이기 때문이다. 덤보에서 브루클린 브리지를 지나 레드 훅까지 약 7km 정도의 구간이다.
    강변을 따라 월스트리트가 있는 맨해튼의 남쪽, 요새로 쓰였던 거버넌스 아일랜드, 자유의 여신상이 이어지는 코스다. 덤보에서 느긋하게 점심을 먹고 주변을 돌아본 후 햇살이 뜨거운 시간을 피해 4시 이후 자전거를 타고 레드 훅까지 달려보자. 레드 훅에서 카카오 피에트로와 브루클린 크랩에 들러 하루를 마무리하자. 운이 좋으면 멀리 보이는 자유의 여신상과 함께 일몰을 감상할 수 있다.

BIKE SPOT

— 강 건너 맨해튼의 하이라인을 보며 브루클린을 달려보자.

Kent Ave.
켄트 애비뉴

그린포인트에서 윌리엄스버그까지

그린포인트의 끝자락에서 시작해 윌리엄스버그를 지나 브루클린 네이비 야드까지 총 4km 정도의 길이다. 켄트 애비뉴를 따라 이스트 리버 파크, 그랑페리 파크, 네이비 야드를 돌아볼 수 있는 코스다. 맨해튼으로 넘어가고 싶다면 두 번 정도의 기회가 있다. 윌리엄스버그 브리지를 타고 달리거나 네이비 야드를 지나면 맨해튼 브리지를 건너 맨해튼으로 입성할 수 있다. 윌리엄스버그 브리지를 건너면 로워 이스트 사이드로, 맨해튼 브리지를 건너면 차이나타운으로 이어진다. 토요일에 이 코스를 달리면 이스트 리버 파크 옆에서 열리는 스모개스버그와 역사적인 명소인 브루클린 네이비 야드를 둘러보며 하루를 알차게 보낼 수 있다. 브루클린 네이비 야드는 세계 2차 대전 당시 함선을 만들던 조선소로 그 시절의 모습을 간직하고 있다.

여유롭게 승마를 즐기는 사람들이 많다.

Prospect Heights park
프로스펙트 하이츠 파크

도심의 자연을 만끽하는 코스

뛰어도 좋고, 걸어도 좋다. 자전거 도로가 공원 안에 마련되어 있어 그 어느 곳보다 안전하게 자전거를 즐길 수 있다. 자전거를 탈 수 있는 코스는 3가지로 공원을 따라 동그랗게 도는 코스와 공원을 관통하는 코스, 공원의 바깥쪽을 따라 달리다가 이스턴 파크웨이를 타고 서쪽으로 달리는 코스 등이다. 그중 공원 순환선을 따라 달리는 코스는 정해진 시간에만 이용할 수 있다. 아름드리나무와 호수를 만끽하면서 공원을 관통해 달리는 것이 강력 추천 코스다. 프로스펙트 하이츠 파크에서 오션 파크웨이를 따라 남쪽으로 달리면 코니아일랜드로 갈 수 있다(약 10km). 오전에는 공원의 여유로, 오후에는 바다의 눈부심으로 하루가 꽉 찰 것이다.

도보와 자전거 도로가 잘 나뉘어져 있어 자전거 타기 좋다.

Coney Island
코니아일랜드

바다를 따라 달리는 길,
베이지에서 코니아일랜드까지

__ 바다를 옆에 두고 달리는 것은 도심에서 휴식을 취할 수 있는 가장 건강한 방법이다.

브루클린에서 자전거를 위한 바닷길로 가장 긴 코스다. 11km 정도 되는 거리를 바다를 옆에 두고 달린다. 자전거로 달릴 수 있는 바다와 가장 가까운 길이기도 하다. 브루클린과 맨해튼의 항구로 들고 나는 크고 작은 배들을 볼 수 있다. 이 해안을 따라 달리면 맨해튼도, 자유의 여신상도 멀어져 사람으로 북적이는 도심에 있다는 사실을 잠시 잊을 수 있다. 길의 끝에 만나게 되는 코니아일랜드 해변에서 마시는 맥주 한잔과 핫도그는 꿀맛이다. 코니아일랜드로 이어지는 다른 몇 개의 자전거 코스가 있지만, 베이지에서 시작해 코니아일랜드 백사장으로 연결되는 코스는 내륙을 지나오는 길과는 비교할 수 없다. 도심의 바다, 그 바다를 끼고 달리며 도심의 휴식 방법을 체험해보자.

_앞쪽에는 카페, 뒤쪽에는 수리점이 있다. 커피 맛도 좋아 자전거를 끌고 와 쉬었다 가는 사람이 많다.

information

Red Lantern Bicycles
레드 랜턴 바이시클
345 Myrtle Ave. / (347) 889-5338
B/T Carlton Ave. & Adelphi St. in Fort Greene
G Train / Fulton St.
월~토 09:00~21:00 / 일 09:00~19:00
redlanternbicycles.com
$$ / MAP p.249-48

Red Lantern Bicycles
레드 랜턴 바이시클

생활의 일부가 된 가장 위대한 발명품

자전거가 인간이 발명한 가장 위대한 발명품 중 하나라고 믿는 사람들이 있다. 30년 동안 자전거를 고치고 만든 스텝과 함께 자전거의 A부터 Z까지 총망라한 서비스를 한다. 사장 부부와 7살짜리 아들, 그리고 3명의 자전거 전문가 모두 자전거에 대한 사랑이 대단하다. 자전거를 타고, 고치고 만드는 일과 함께 진한 커피와 유기농 주스를 사랑하는 곳으로 입구부터 남다르다. 포트 그린 파크와 그 일대를 자전거로 누비던 사람들이 한 번쯤 들러 자전거를 점검하거나 수리하는 것은 물론 수다 가득한 사랑방을 만들고는 한다. 자전거를 전혀 못 타는 사람이라도 들러 커피 한잔에 간단한 스낵을 즐길 수 있다. 맥주를 마셔도 좋다. 바에 앉아 무언가를 홀짝이다보면 자전거를 타고 브루클린을 일상처럼 누리는 사람들을 만나게 될 것이다.

_레드 랜턴의 숙련 수리공들은 모두 나이가 지긋하다.

Recycle A Bicycle
리사이클 어 바이시클

information

Recycle A Bicycle
리사이클 어 바이시클
35 Pearl St. / (718) 858-2972
B/T John St. & Plymouth St. in DUMBO
F Train / York St.
월~토 12:00~19:00 / 일 휴무
recycleabicycle.org
$$ / MAP p.253-3

자전거로 세상을 공유하는 방법

자전거 한 대, 이 한 대를 두고 과연 어떤 일들을 할 수 있을까? 자전거를 만들고 타고 수리하고 재활용하고 각각의 단계마다 많은 사람이 일할 기회를 얻을 수 있을 뿐 아니라, 느린 삶의 미덕을 깨닫게 된다. 자전거 한 대가 탈 것, 이동 수단 이상의 의미를 가지는 이유다. 리사이클 어 바이시클은 자전거 한 대로 할 수 있는 모든 일을 공유하고 알리는 역할을 하는 비영리단체이다.

브루클린은 물론이고 뉴욕 전역의 고장난 자전거를 모아 고쳐서 나눠 쓰는 일을 한다. 고치고 나눌 뿐만 아니라 그 방법까지도 공유한다. 어린이를 대상으로 하는 자전거 만들기 교실, 젊은이의 미래를 위한 자전거 수리 직업교육 등 다양한 교육활동을 펼치고 있다. 많은 사업이 자원봉사자의 힘으로 이뤄지는 것도 눈여겨볼 만하다. 수리한 자전거를 판매해서 얻은 수익금은 다시 교육사업으로 환원하고 교육과정을 통해 젊은 이를 위한 일자리를 만들고 있다. 실제로 뉴욕이 시티바이크 사업을 시작하며 리사이클 어 바이시클을 통해 배출한 많은 젊은이가 시티바이크 사업에 동참하는 결과를 낳기도 했다. 자전거 한 대를 통해 삶의 의미와 공유의 가치를 실천하는 곳 리사이클 어 바이시클을 찾아가보자.

___ 자전거 재활용뿐만 아니라 수리와 조립 전문 교육으로 일자리 찾기에도 도움을 주고 있다.

___ 재활용 자전거의 수익금은 교육사업에 사용하여 더 많은 사람에게 교육 기회를 제공한다.

NEW YORK | RUN
BICYCLE

— 주문 제작 뿐 아니라 교육도 함께 진행하고 있다. 모든 과정은 사전 예약을 통해 1:1로 진행한다.

718 Cyclery

718 사이클러리

나만의 무엇, 자전거가 필요해

information
-
718 Cyclery
718 사이클러리
254 3rd Ave. / (347) 457-5760
B/T Union St. & President St. in Gowanus
D, N, R Train / Union St.
월~금 09:00~21:00 / 토~일 09:00~18:00
718c.com
$$$

BICYCLE

— 간단한 수리는 물론 맞춤 제작까지 가능하다.

자전거를 도둑맞은 한 남자가 오래된 자전거를 자신의 입맛에 맞게 고치고 만들면서 시작된 코스튬 자전거 가게다. 자전거를 도둑맞지 않았다면, 친구의 조언을 따라 자신만의 자전거를 만들어보지 않았다면 탄생하지 못했을 가게, 718 사이클러리는 2011년 11월에 문을 열었다. 간단한 수리를 맡길 수도 있지만 이곳을 찾는 사람들은 자신만의 자전거를 만들기 위해 찾는다. 스스로 직접 고칠 수 있도록 기술을 공유하고 조언을 해준다. 단, 모든 과정은 사전 예약을 통해서 가능하다. 보통 새로운 자전거가 탄생하기까지 일주일 정도 걸리고, $800에서 $1200 정도의 비용이 든다. 유명제품도, 수천만 원을 호가하는 장인의 자전거도 아닌 자신만의 자전거를 갖고 싶어 하는 브루클린의 사람들에게는 안성맞춤 아닐까?

Interview

KAREN OVERTON

"브루클린, 마법의 열쇠를 쥐다.
자전거가 있어 가능했던 것들에 대한 이야기"

Q1 자전거 수리점, 자전거 판매점, 대여점까지 다양한 자전거 상점을 볼 수 있는데?

뉴욕의 자전거 인구는 점점 늘어나고 있다. 비싼 교통비, 높은 차량 유지비에 비해 낡은 대중교통은 기상 변화의 영향을 많이 받고, 턱없이 부족한 주차 공간과 교통 체증이 하늘을 찌르는 뉴욕이다. 조금 느리게 달리면서도 건강한 이동 수단에 대한 사람들의 관심이 점점 높아지고 있다. 물론 저렴한 이동 수단에 대한 관심이기도 하다.

Q2 리사이클 어 바이시클은 무슨 일을 하나?

리사이클 어 바이시클은 1994년 처음 유스프로젝트를 시작했다. 학생만을 대상으로 하는 자전거 프로그램을 시작으로 지금은 직업교육까지 함께 이루어지고 있다. 뉴욕 일대의 학교에서 자전거 수리부터 리사이클 제작까지 다양한 종류의 수업을 한다. 수업에 사용하는 자전거는 모두 기부 받은 중고 자전거다. 새롭게 태어난 자전거는 리사이클 어 바이시클을 통해 판매한다. 판매수익금은 모두 교육사업 또는 자전거 환원사업에 활용한다. 자전거 한 대가 재활용은 물론 직업교육과 사회환원사업까지 이어져 매우 긍정적인 순환을 만들고 있다.

Q3 리사이클 어 바이시클이 손꼽을 수 있는 가장 긍정적 결과물을 이야기한다면 무엇이 있을까?

얼마 전 뉴욕은 시티바이크 사업을 도입했다. 많은 자전거 판매점이 시티바이크 사업에 대해 우려를 표했지만 우리는 달랐다. 리사이클 어 바이시클을 통해 양성된 학생들이 취업할 수 있는 자리가 생겨났고 실제로 많은 젊은이가 시티바이크에 채용되어 실업자에서 벗어났다. 시티바이크의 개설, 시설 확대는 뉴욕의 교통체증에 대한 새로운 대안일 뿐만 아니라 환경문제, 실업문제에 매우 긍정적인 기여를 할 것으로 기대하고 있다. 그 긍정적인 효과에 리사이클 어 바이시클이 한 축으로 동참하고 있다.

Q4 브루클린과 자전거를 관련지어 설명할 수 있을까?

두 가지로 말할 수 있다. 브루클린은 맨해튼보다 더 많은 자전거 도로를 가지고 있다. 다시 말해 자전거로 달릴 기회가 더 많다. 두 번째로는 그만큼 더 많은 자전거 가게, 수리점이 브루클린에 자리 잡고 있다.

시티바이크도 맨해튼보다는 브루클린에서 더욱 유용하게 활용할 수 있으니, 맨해튼보다 자전거에 더 친화적인 동네가 브루클린이라고 할 수 있다. 자전거 한 대가 가지는 의미는 단지 아날로그 이동 수단에 그치지 않는다. 젊은 세대에게 자연스럽게 환경 친화적인 삶을 선사할 수 있고, 일자리를 줄 수 있으며, 고가의 교통비 그물에서 벗어날 수 있게 해준다. 브루클린에서 자전거를 타는 일은 수많은 가능성에 대한 이야기, 브루클린이 가지는 다양한 가능성과 맞물려 있다고 할 수 있다.

profile
Karen Overton 카렌 오버튼

NEW YORK | RUN
LIST

RUN LIST

레드베어드 바이크
Redbeard Bikes

유명 브랜드 자전거 편집숍
69 Jay St. / (718) 858-2453
월~화, 목~금 12:00~19:00
수 휴무 / 토 11:00~18:00
일 13:00~18:00
redbeardbikes.com
$$$

브루클린 빈티지 바이시클
Brooklyn Vintage Bicycles

내가 원하는 맞춤형 자전거를 찾아주는 곳
51 Fane Ct, / (347) 733-2079
월~금 17:30~20:30 / 토 10:00~20:00
일 휴무
lavors.me/bkvbicycle
$$

바이시클 해비타트
Bicycle Habitat

1978년부터 지켜온 최고의 자전거 판매점
476 5th Ave. / (718) 788-2543
월~목 11:00~19:00 / 금 11:00~20:00
토 11:00~19:00 / 일 12:00~18:00
bicyclehabitat.com
$$ / MAP p.251-1

라이드 브루클린
Ride Brooklyn

브루클린과 딱 어울리는 스타일리시한 자전거 대여점
468 Bergen St. / (347) 599-1340
월~금 10:00~7:00 / 토 10:00~18:00
일 11:00~18:00
ridebrooklynny.com
기본 1시간 $25 / 기본 1일 $45 / 프리미엄 자전거 $80~
$$ / MAP p.249-21

로이스 쉽셰드 사이클
Roy's Sheepshead Cycle

브루클린에서 가장 오래되고 그만큼 노련한 자전거 전문점
아마추어부터 프로까지 찾는 전문점
2679 Coney Island Ave.
(718) 648-1440
월~수, 금~토 10:00~18:00
목 10:00~20:00 / 일 11:00~18:00
roysbikes.com

롤링 오렌지 바이크스
Rolling Orange Bikes

네덜란드인의 기발한 아이디어 자전거점
구입 및 대여 가능
269 Baltic St.
(718) 935-0695
rollingorangebikes.com
$$$

벨로 브루클린 부시윅 바이크 숍
Velo Brooklyn Bushwick Bike Shop

자전거 리사이클링 숍, 중고 자전거의 대변신
1345a Dekalb Ave. / (347) 405-7966
월~금 11:00~19:00
토 11:00~18:00
일 12:00~17:00
velobrooklyn.com
$$ / MAP p.247-31

실크 로드 사이클스
Silk Road Cycles

중고자전거 조립, 수리부터 신상품 판매까지
76 Franklin St.
(718) 389-2222
월 휴무 / 화~금 12:00~20:00
토~일 11:00~19:00
silkroadcycles.net
$$ / MAP p.245-10

바이크 앤 롤 엔와이씨
Bike and Roll NYC

자전거 대여와 투어
Brooklyn Bridge Park
(212) 260-0400
운영시간 및 정확한 비용은 홈페이지 참고
bikenewyorkcity.com
$$

브루클린, 창조자의 손을 갖다

MAKE

만들기

　브루클린은 수제품과 빈티지가 대세다. 오래되고 낡은 물건이 갖는 시간의 의미와 손때 묻은 수공예품이 주목받고 있다. 개성, 독특함, 유일무이, 독보적 가치 등 때문이다. 대량생산의 편리함과 동시에 나타난 몰개성의 시대는 물건 하나하나가 특별함을 가지던 지난 시대를 그리워하게 만들었다. 또한, 상업적 이익으로 점철된 대량생산은 만드는 과정에 대한 성찰과 반성에 소홀했다. 도구 생산의 시대를 지나 가치 생산의 시대를 사는 브루클린의 젊은이들은 느리지만 오래오래 나만의 것이 되어주는 무엇을 찾는다. 동시에 무엇을 만들 것인가에 앞서 어떻게 만들 것인가를 고민한다. 철없어 보이는 브루클린의 좌충우돌 젊은이들은 만들기의 가치를 새로 쓰고 있다. 만드는 방법에 대해 고민하고 스스로 만들어 함께 공유하고, 즐길 줄 아는 참된 만들기(생산)의 최전선에 브루클린이 있다.

Silent Barn
사일런트 반

70여 명의 자원봉사자와 예술가가 운영하는 사일런트 반. 그들은 스스로를 셰프라고 부른다. 사일런트 반이라는 주방에서 요리하는 것은 다양하다. 지역 주민을 대상으로 체험강좌 또는 문화강좌를 운영하고, 젊은 아티스트에게 작업 공간을 대여하기도 한다. 그들의 주방에서 만든 작품, 제품의 유통까지 도맡는다. 예술 활동의 집약체이면서 지역사회와 끊임없이 소통하는 주방이 사일런트 반이다. 손으로 만들고, 손으로 나눈다는 점에서 사일런트 반은 누구보다 '만들기'에 잘 어울린다. 사일런트 반은 단순히 무형에서 유형을 만드는 공간이 아니다. 꼭 한 번 찾아가 보길 바란다.

― 예술가 연합인 사일런트 반은 작업은 물론 전시, 퍼포먼스 등 예술 전반에 걸쳐 공간을 공유한다.

MAKE

information

Silent Barn
사일런트 반
603 Bushwick Ave.
B/T Jefferson St. & Melrose St. in Bushwick
J, M, Z Train / Myrtle Ave.
월~일 16:00~04:00
silentbarn.org
MAP p. 247-30

예술을 요리하는 주방

그들의 공간은 오픈되어 있지만 사일런트 반을 공유하기 위한 과정은 나름 까다롭다. 70명의 셰프는 각자의 역할에 맞는 작업을 진행하고 함께할 사람을 만나 함께 할지를 결정한다. 공연과 전시는 물론 주말 밤이 되면 바와 클럽으로 변신하여 브루클린은 물론 뉴욕의 젊은 예술가를 끌어모은다. 그들은 과감하게 우리는 기존의 아트 스튜디오와는 다르다는 의미로 스튜디오(Studio)가 아닌 스튜디오(Stewdio)로 쓴다. 스스로 셰프나 주방으로 소개하는 이유와 맥을 같이 한다. 다양한 분야의 작품과 제품을 생산하며 신선한 프로젝트를 기획해 인근 학교, 지역 주민 단체와 공유하기를 즐긴다. 일상과 동떨어진 작업을 하는 스튜디오가 아니라 일상에 꼭 필요한 주방 같은 곳이다. 틀에 박히지 않은 사일런트 반의 이벤트는 놀라움의 연속이라 어떤 일이 벌어질지 예측하기 어렵다. 브루클린의 부시윅에서 꼭 들러야 할 곳으로, 사일런트 반을 찾기 전 공식 홈페이지를 살피고 간다면 발걸음이 더욱 빨라질 것이다.

— 자유로운 발상이 가득한 이곳은 활짝 열린 마음으로 방문객을 친구처럼 대한다.
— 저녁이면 바로 변하는 사일런트 반의 파티오.

— 작업 공간은 그 자체로도 훌륭한 전시 작품이 된다.

Brooklyn Butcher Blocks
브루클린 부처스 블록

브루클린 부처스 블록에서 만드는 나무 제품에 새기는 인장

도마, 젊은 장인의 시간을 담다

석 달, 작은 블록이 모여 단단한 하나의 도마로 만들어지는데 필요한 시간이다. 브루클린 부처스 블록의 닐슨 워셀의 첫 도마가 만들어지기까지는 더 많은 시간이 필요했다. 예술을 전공한 그가 나무 바닥 공사를 하던 할아버지의 손재주를 이어받았는지는 알 수 없으나, 그는 칼을 만드는 장인의 보조로 일하며, 칼 손잡이와 칼집을 만들다가 어느 순간 명품 칼에 어울리는 도마를 만들고 싶다고 생각했다. 지금은 주문 소량 생산을 하는 나무 공방의 주인이 되었다. 뉴욕의 젊은 예술가들이 포틀랜드로 이주할 때 그는 포틀랜드에서 브루클린으로 넘어와 자리를 잡았다. 누가 뭐라고 해도 브루클린은 아직도 건재한 창조적 도시임이 틀림없다고 믿었기 때문이다. 프리마켓에서 첫 도마를 판매한 이후 도마뿐 아니라 주방에 필요한 다양한 나무제품과 의자와 테이블 등 나무가구와 소품을 만들기 시작했다. 선주문 후생산을 원칙으로 하는 브루클린 부처스 블록은 브루클린을 대표하는 브랜드로 자리매김해나가고 있다. 제품이 완성되기까지 기다릴 수 있는 정신적 여유와 나만의 제품을 소장하는데 의미를 두는 사람만이 가질 수 있는 브루클린 브랜드이기도 하다.

NEW YORK | MAKE
CRAFT

― 벽 한쪽 칠판에는 밀려든 주문의 목록이 빼곡하게 적혀 있다.

information
-
Brooklyn Butcher Blocks
브루클린 부처스 블록
공방 방문은 이메일로 사전 문의,
제품 주문 및 구입은 공식 홈페이
지에서 가능
brooklynbutcherblocks.com
$$$

― 주어진 공간 크기에 맞춰 작업을 한다. 작은 도마부터 만들게 된 가장 큰 이유이기도 하다.

CRAFT

Empire Mayonnaise
엠파이어 마요네즈

— 공장표 마요네즈는 절대 표현할 수 없는 다양한 맛을 선보인다.

브루클린 감성과 기본에 충실한 레시피의 절묘한 콜라보레이션

브루클린의 동네 감성이 한 병, 한 병에 담긴 엠파이어 마요네즈. 오로지 엄마의 손맛을 살려 손으로 직접 만든 마요네즈만 판매하는 가게라니 가보지 않을 수가 없다. 그리고 물론 나올 때는 두 손 가득 갖가지 마요네즈가 들려 있을 것이다. 2011년 브루클린 스모개스버그에서 첫 선을 보인 후, 반년 만에 25가지 맛의 마요네즈를 내놓았다. 단 한 가지 아이템으로 2년 만에 20배의 성장을 이뤄낸 수제 마요네즈의 힘은 무엇일까? 대도시 뉴욕에 속해 있으면서도 변방의 작은 동네의 다정함이 살아 있는 브루클린에서 자라고 예술혼 가득한 나라 프랑스에서 태어난 독특한 이력의 소유자 엘리자베스의 영감에 미식가 샘의 감각이 더해진 산물이다. 엠파이어 마요네즈는 입소문을 타고, 나날이 더 많은 주문량을 소화하고 있지만, 여전히 작은 부엌에서 만들고 포장까지 직접 한다. 브루클린에 불어 닥친 수제, 아날로그 감성의 맛에 충실한 것이다. 브루클린만의 감성을 기본이 충실한 레시피에 담아낸 맛은 부드럽고 감동은 진하다.

information

Empire Mayonnaise
엠파이어 마요네즈
564 Vanderbilt Ave. / (718) 636-2069
B/T Dean St. & Pacific St. in Prospect Heights
A, C Train / Clinton - Washington Ave.
월~토 12:00~19:00 / 일 휴무
website empiremayo.com
$$$ / MAP p. 249-42

CLOTH

Loren
로렌

브루클린표 프리미엄 진

디자이너 로렌 클론의 핸드메이드 청바지 브랜드 로렌이 2002년 처음 메이드 인 브루클린이라는 라벨을 붙이고 세상에 나왔다. 보딩 바지 디자인으로 시작해, 랄프 로렌과 리바이스의 청바지 디자이너를 거쳐 2002년 브루클린에 자신의 가게를 열었다. 천을 고르는 일부터 마지막 라벨을 붙이는 일까지 모든 공정이 손으로 이뤄지는 리얼 프리미엄 핸드메이드 청바지이다. 다 똑같이 보일지도 모르지만 놀라운 디테일로 입는 사람의 몸에 딱 맞도록 제작하는 것이 로렌의 강점이다. 자신의 가게가 있는 그린포인트를 브루클린의 미트패킹 디스트릭트라고 부르는 자신감은 기계로는 절대 흉내 낼 수 없는 노련함과 섬세함, 그리고 1960년대 감성을 놓치지 않은 유일무이한 클래식 빈티지 진이라는 자부심에서 나온다.

information

Loren
로렌
80 Nassau Ave. / (347) 529-5771
B/T Lorimer St. & Manhattan Ave. in Greenpoint
G Train / Nassau Ave.
월~목 12:00~19:00 / 금 12:00~21:00 / 토~일 11:00~20:00
lorencronk.com
$$$ / MAP p. 245-23

— 가게 밖 펄럭이는 청바지를 보고 로렌을 찾을 수 있다.

— 1960년대 스타일의 클래식 빈티지 진을 만든다. 맞춤 제작과 소량 제작으로 가격이 비싸다.

melville house

멜빌 하우스

블로그에서 종이책이 되기까지

멜빌 하우스의 블로그는 뉴욕에서도 뜨겁다. 911 이후 블로그에서 진행되었던 '911 시 프로젝트'를 모은 《Poetly after 9/11》을 출판했다. 단번에 많은 사람의 주목을 받는 놀라운 경험을 한 후, 그 책을 출간했던 데니스 로이 존슨과 그의 아내 발레리 메리안이 브루클린에 독립출판사 멜빌 하우스를 설립했다. 종이책이 점점 사라지는 시대, 동영상과 한 장의 이미지로 채워지는 SNS에서는 절대로 누릴 수 없는 독특한 관점의 책을 만든다. 하나의 예로 우리나라에서도 번역 출판된 《연필 깎기의 정석》(How to Sharpen Pencils)은 기발한 발상에 몇 번이고 무릎을 치게 된다. 픽션과 논픽션은 물론 실용서에서 시집까지 다양한 장르의 책을 출판하고 있지만, 자신만의 독특한 관점을 가진 책이 즐비하다는 것이 이 출판사만의 장점이다. 책을 들고 한 장 한 장 넘기는 기쁨을 다시 찾는 곳이 브루클린 덤보의 골목 책방이 된다면 이보다 좋을 수 있을까?

information

melville house
멜빌 하우스
145 Plymouth St. / (718) 722-9204
B/T Anchorage Place & Pearl St. in DUMBO
F Train / York St.
일~월 휴무 / 화~토 12:00~6:00
mhpbooks.com
$$ / MAP p. 249-8

NEW YORK | MAKE
BOOK

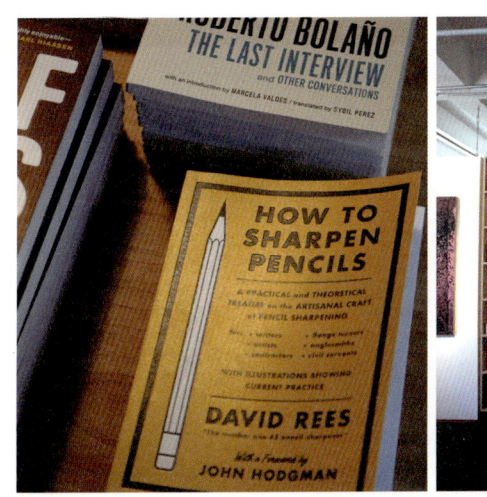

___ 멜빌하우스에서 출간되는 책 뿐 아니라 멜빌하우스 색깔에 맞는 독립출판 도서도 함께 판매하고 있다.

DIY

Fine & Raw
파인 앤 라우

— 주체할 수 없는 유쾌, 통쾌한 에너지를 가진 오너 다니엘 스클러

공정무역, 유기농, 환경 친화, 리사이클링, 수제품 이 모든 것이 작은 초콜릿 바 하나에 담겨 있다. 창업정신과 소규모 생산에 장인정신을 담은 것까지 진정 브루클린답다. 게다가 이 초콜릿공장의 쇼콜라티에 다니엘 스클러는 이민자 출신으로 완전히 브루클린적인 캐릭터라 말할 수 있다. 공정무역을 통해 들여온 코코아를 직접 선별하고 갈아 초콜릿을 만든다. 완성된 초콜릿은 브루클린 아티스트의 그림이 프린트된 재활용지로 포장한다. 심지어 전구도 에너지 절약 전구를 사용한다. 초콜릿을 만들면서 환경 친화, 환경 보존을 외치는 이유는 딱 하나다. 지구별이 더욱 튼튼해져서 더욱 많은 코코아나무가 자라나는 것이 다니엘 스클러의 꿈이기 때문이다. 파인 앤 라우의 첫 초콜릿은 친구들을 위한 것이었고 반응이 좋아 자전거로 주변에 배달을 시작했다고 한다. 결국 브루클린 지역의 많은 곳에서 초콜릿 납품을 요청하기 시작했다. 파인 앤 라우의 시작이 왜 브루클린의 부시윅이었냐는 질문에 "당신은 왜 브루클린에 대해 쓰려고 하냐? 넌 이미 다 알고 있잖아!"라는 대답으로 말문이 막히게 했던 기가 막힌 맛의 초콜릿 가게이자 공장인 파인 앤 라우에 꼭 방문해 보기를 바란다.

브루클린의 정신이 집약된 초콜릿 바

information

Fine & Raw
파인 앤 라우
288 Seigel St. / (718) 366-3633
B/T Bogart St. and White St. in East Williamsburg
L Train / Morgan Ave.
월~금 10:00~18:00 / 토 12:00~18:00 / 일 휴무
fineandraw.com
$$$ | MAP p. 247-5

DIY

Skinny skinny
스키니 스키니

입소문만으로 뉴욕을 사로잡은 유기농 화장품

information

Skinny skinny
스키니 스키니
270 Grand St. / (718) 388-2201
B/T Roebling St. & Havemeyer St.
in Williamsburg
L Train / Bedford Ave.
월~금 12:00~19:00 / 토~일 11:00~19:00
skinnyskinnyurbangardens.com
$$$ / MAP p. 245-91

야금야금 입소문으로 브루클린은 물론 뉴욕을 사로잡은 유기농 화장품 가게 스키니 스키니. 조각가이자 일러스트레이터였던 클라라 윌리암스는 어머니를 위해 만들던 비누를 시작으로 프로페셔널 아티스트의 길을 접고, 유기농 스킨 제품 숍의 오너가 되었다. 스키니 스키니는 스킨케어 제품부터 바디케어 제품까지 전 라인을 아우르는 유기농 제품을 생산 판매한다. 그 중에서도 바디버터는 발림성이 좋고 향이 좋을 뿐 아니라 보습성이 뛰어나기로 입소문이 났다. 선물하기 좋게 꽃과 카드를 함께 판매하고 있어 더욱 인기다. 제품도 제품이지만 자연친화적인 실내 인테리어도 볼거리다. 피부트러블로 고민하고 있다면 브루클린산 유기농 화장품으로 답을 찾아보길!

— 모든 화장품은 유기농 재료로 만든다. 뛰어난 보습성과 단순한 포장으로 선물용으로도 안성맞춤이다.

NEW YORK Interview

Interview no.03

NILS WESSELL

"브루클린의 기회가 가져다 준 천직"

Q1 어떻게 도마를 만들기 시작했나?

나는 스튜디오 아트를 전공했다. 나무로 무엇을 만들게 되리라고는, 그것도 도마를 만들게 될 줄은 전혀 몰랐다. 예술과 일상의 괴리에 대해 고민이 많았기에 어떤 일을 할지 나도 알 수 없었다. 그때 수제 칼을 만드는 조를 만났고 그의 곁에서 주방용 칼을 만드는 과정을 지켜봤다. 화려하지 않지만 좋은 재료로 묵묵히 칼을 만드는 모습에 감동받았고 그 칼에 어울리는 도마를 만들기 시작한 것이 지금 내 직업이 되었다.

Q2 어느 날 도마를 뚝딱 만드는 게 가능한가?

나무에 대해 전혀 몰랐다면 할 수 없는 일이었다. 할아버지는 건물에 바닥을 까는 일을 하셨다. 단단하고 견고한 나무를 짜 맞추는 일을 하는 할아버지에게서 자연스럽게 배운 게 많다. 어떤 나무가 단단하고 어떤 나무가 틀어짐이 적고, 나무를 어떻게 써야 하는지에 대해서 배웠던 것들이 분명 도움이 되었다고 생각한다. 틀어짐을 막고, 수분이 많은 음식 재료가 닿았을 때의 상황을 고려해야 한다. 나무를 블록으로 사용하면 더욱 견고해지고, 코코넛 기름을 먹이면 부패와 습기에 강해진다.

Q3 브루클린이 시작점이 되었던 이유는 무엇일까?

다른 사람들이 브루클린을 떠나 포틀랜드로 갈 때 나는 포틀랜드에서 브루클린으로 왔다. 아직도 브루클린은 젊은 작업자에게는 기회가 많은 곳이다. 특히나 나에게는. 수많은 레스토랑이 있지 않나? 하하. 브루클린에 왔을 때 이미 높은 임대료로 큰 작업실을 얻을 수 없었다. 작은 작업실에서 어떤 작업을 할 수 있을까 고민하던 중 작은 작업을 시작하게 되었고 그것이 도마였다. 브루클린 부처스 블록은 환경의 산물이라고 해도 과언이 아니다.

Q4 브루클린의 많은 수제품의 특징은 무엇이라고 생각하나?

내가 처음 도마를 판매했던 곳은 맨해튼의 사우스 스트리트 시포트에서 열리는 뉴암스테르담 마켓이었다. 사람들이 내 도마에 대해 이야기하고 좋아해주고 팔릴 때의 뿌듯함은 이루 말할 수 없었다. 그때까지도 도마를 만드는 사람이 되리라고는 생각하지 않았다. 하지만 브루클린은 나에게 기회를 주었고, 그 기회가 나를 행복하게 만들었기에 나는 수제 도마 제작자가 되었다. 브루클린의 많은 수제품, 공예품은 이렇게 시작해 브랜드로 성장하기도 하고 물론 없어지기도 한다. 분명한 것은 성공에 대한 열망보다 작업 자체에 대한 애정을 기본으로 한다는 것이다. 내 가족에게 더 좋은 것을 먹이고 싶어 하는 마음, 친구에게 내가 갖고 있는 좋은 것들을 공유하고자 하는 열망이 쌓여 모두가 바라는 무엇을 만든다. 이것이 바로 브루클린에서 만드는 메이드 바이 브루클린 제품의 특징이다.

profile

Nils Wessell 닐스 웨슬

NEW YORK | MAKE
LIST

MADE LIST

사이푸아
SAIPUA

브루클린 출신 플로리스트의 꽃과 천연 재료로 만든 비누

147 Van Dyke St. / (718) 624-2929
월~수 휴무
$

굿 캔들
GOOD CANDLE

하나하나 손으로 녹이고 굳힌 허브 양초
www.goodcandlebk.com
온라인 판매 및 편집숍 판매
$

킹스 카운티 디스틸러리
Kings County Distillery

브루클린표 수제 버번과 위스키
주말에는 브루어리 투어도 가능
(13:00~16:00 / $8)
63 Flushing Ave. Bldg 121
(718) 555-1212
kingscountydistillery.com
$

트위스티드 릴리 프래그런스 부티크 앤 아포세커리
Twisted Lily Fragrance Boutique & Apothecary

세상에 단 하나, 브루클린표 향수 부티크
360 Atlantic Ave. / (347) 529-4681
월~토 12:00~19:00 / 일 12:00~18:00
twistedlily.com
$ / MAP p. 249-15

브루클린 제네랄
Brooklyn General

재봉과 뜨개질 교실을 운영하는 패브릭 전문점
128 Union St. / (718) 237-7753
월~목 12:00~19:00 / 금~토 12:00~18:00
일 12:00~17:00
brooklyngeneral.com
$ / MAP p. 253-12

DIG

탐구하기

알만한 글로벌 브랜드, 럭셔리 브랜드로 갈음되는 쇼핑이 아닌, 알아보는 사람에게만 가치 있는 쇼핑을 즐기는 도시, 브루클린. 누군가가 버린 것이 누군가에게는 특별한 의미로 팔릴 수 있는 곳 또한 브루클린이다. 한 땀, 한 땀 공들여 만든 수제품을 판매하는 가게들과 전혀 어울리지 않아 보이는 다양한 제품을 하나의 스타일로 재구성해 파는 편집숍까지. 브루클린의 골목골목 들어선 크고 작은 가게를 들여다보고 있노라면 정말로 이들의 쇼핑 세계를 탐구해보고 싶어진다. 지름신과는 한 걸음 멀어져 그저 다양한 가게를 돌고 도는 것만으로도 즐거운 까닭은 자신도 모르게 자연스레 브루클린을 탐구하고 탐닉하게 되기 때문이다.

쇼퍼홀릭, 탐구하는 쇼핑으로의 신화

— 다양한 빈티지 소품은 어른은 물론 아이에게도 인기가 좋다.

— 자신만의 스타일을 추구하는 패션피플에게 필수인 구제의상과 액세서리

— 버려지고 오래된 장난감이 주는 독특한 분위기도 프리마켓의 묘미

NEW YORK | DIG
FLEA MARKET

Fort Greene Flea
포트 그린 프리

빈티지와 힙스터 쇼핑의 중심지

    4월에서 11월까지 매주 토요일이 되면 브루클린의 176번지 라파예트 스트리트에 꽤 큰 벼룩시장이 열린다. 일명 포트 그린 프리마켓, 빈티지와 앤티크, 수공예품과 음식 노점상 등 총 150개의 벤더가 참여한다. 뭘 이런 걸 다 파나 싶을 정도로 오래되고 낡은 제품을 파는가 하면 브루클린에서만 살 수 있는 독특한 수공예품을 만날 수 있는 곳이기도 하다. 관광객은 물론 현지인까지 몰려드는 볼거리 많은 곳이다. 1940~50년대 미국의 번호판이나 오래된 LP판을 리폼한 장식품 등 인테리어 소품이 많은 것도 특징이다. 사람에 따라 눈이 번쩍 띄는 의외의 수확을 건지거나, 딱히 살 건 없는 눈요기로 그치게 될 수도 있다. 브루클린의 빈티지와 힙스터 트렌드가 고스란히 드러나는 곳이므로 충분히 찾아갈 만하다. 먹거리 판매대가 있는 것도 포트 그린 프리마켓의 장점 중 하나다. 오븐에서 굽는 피자, 브루클린 로스팅 컴퍼니의 커피, 팬에 굽는 퓨전 오니기리 등도 포트 그린 프리마켓을 찾는 즐거움이 될 것이다.

— 자신이 직접 만든 작품을 판매하는 브루클린의 아티스트도 만날 수 있다.

information
-
Fort Greene Flea
포트 그린 프리
176 Lafayette Ave.
B/T Clermont and Vanderbilt Ave.
in Fort Greene
C Train / Lafayette Ave.
G Train / Clinton–Washington Ave.
4월부터 11월까지 매주 토요일 오전 10시부터 오후 5시까지
brooklynflea.com/markets/fort-greene
MAP p. 249-55

NEW YORK | BIG
FLEA MARKET

— 놀이터에 한쪽에 들어서는 작은 크기의 프리마켓이지만 양질의 상품이 많다.

— 작지만 비싼 앤티크 피규어

— 등록 업체만 참여가 가능하다.

P.S. 321
Antique Flea Market
피에스 321 앤티크 프리마켓

앤티크, 빈티지의 소수정예

포트 그린의 프리마켓이 쓰레기통에나 있을 법한 제품부터 고가의 수제품까지 어우러진 다양성을 보장하는 반면 파크 슬로프의 프리마켓은 고품질의 소수정예 부대를 모아 놓은 느낌으로 딱 30개의 업체가 참여한다. 앤티크, 빈티지 가구와 소품이 주를 이룬다. 매주 주말 오전 10시부터 오후 5시까지, 4월에서 11월까지만 운영한다. 등록 업체 형태로 운영되어 수준 미달의 업체는 좌판을 펼칠 수 없다. 비용이 좀 들더라도 상태 좋은 빈티지, 앤티크 소품을 구할 요량이라면 들러볼 만하다.

information

P.S. 321 Antique Flea Market
피에스 321 앤티크 프리마켓
180 7th Ave.
B/T 1st St. and 2nd St. at Park Slope
2, 3 Train / Grand Army Plaza
4월부터 11월까지 매주 토요일 오전 10시부터 오후 5시까지
brooklynflea.com/markets/park-slope-p-s-321
MAP p. 249-28

— 세월의 깊이는 느껴지지만, 보관 상태가 좋은 고가의 제품이 주를 이룬다.

COMPLEX SPACE

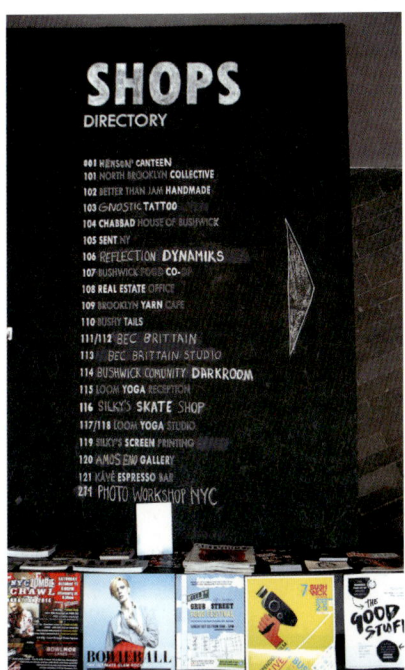

SHOPS at The Loom

숍스 엣 더 룸

부시윅을 우범지역에서
문화 중심지로 바꿔놓은 미니몰

information

SHOPS at The Loom
숍스 엣 더 룸
1087 Flushing Ave. / (718) 417-1616
B/T Varick Ave. & Knickerbocker Ave. in Bushwick
L Train / Morgan Ave.
월~목 8:00~21:00 / 금~일 8:00~20:00
shopsattheloom.com
MAP p. 247-15

2009년 5월, 플러싱 애비뉴에 20개의 가게가 입점한 숍스 엣 더 룸이 문을 열었을 때 사람들은 의아한 시선을 보냈다. 우범지역으로 악명 높았던 부시윅에 맨해튼에나 있을 법한 복합몰, 과연 성공할 수 있을까에 대한 우려였다. 2015년 숍스 엣 더 룸은 유명 로컬 디자이너의 작품을 만날 수 있는 부티크 가게 베터 댄 잼(better than jam), 지역에서 생산하는 유기농 음식재료를 판매하는 부시윅 푸드 코옵(Bushwick Food Co-op), 예술적인 아름다움이 돋보이는 케이브 카페(Kave CAFE)를 비롯해 Silky's Screen Printing Lab, Tomahawk Salon, Chabad of Bushwick, Bushy Tails pet supply, the Loom Yoga Center 등 다양한 가게가 성업 중인 부시윅에서 빼놓을 수 없는 미니몰이 되었다. 한 편에서는 부시윅이 힙스터 핫플레이스로 거듭나는 데 일조했다는 평가도 한다. 숍스 엣 더 룸은 지역 디자이너, 아티스트, 제작자가 모여 자체 벼룩시장이나 행사 등을 수시로 연다. 브루클린 지역의 전시, 공연 등 여러 행사 팸플릿을 구할 수 있는 장소이기도 하다.

Grand Street Bakery
그랜드 스트리트 베이커리

베이글보다 맛있는 빈티지를 판다

25년 동안 길거리를 고소한 냄새로 가득 채우던 빵집에 들어선 빈티지 가게 그랜드 스트리트 베이커리. 빵을 팔던 시절의 간판이 그대로 걸려있을 뿐 아니라 오븐이 있던 자리에는 따뜻한 니트, 반죽을 만들던 자리에는 빈티지 진을 걸어 두었다. 지난 시절의 향수가 가득한 의류와 소품으로 채워진 빵집이다. 따뜻한 베이글과 우유, 차가운 맥주를 마시러 들어갔다가 멋진 빈티지 컬렉션에 흠뻑 빠져 지름신이 강림할지도 모른다. 남녀 성인 의류와 소품은 물론 아동복까지 갖추어 갤러리를 방불케 한다. 중고 가게답지 않은 상태 좋은 제품이 많은 것도 특징으로 브루클린 패션 피플의 마음마저 빼앗았다. 깐깐하게 고르고 골라 매장을 채운 노력과 예술을 전공한 주인이 가진 탁월한 눈썰미의 결과이다.

빈티지숍으로 자리를 지켜온 시간의 힘이 주는 묘한 매력을 느껴보자.

information

Grand St.reet Bakery
그랜드 스트리트 베이커리
602 Grand St. / (718) 387-2390
B/T Lorimer St. & Leonard St. in East Williamsburg
G Train / Metropolitan Ave.
월~일 12:00~20:00
grandst.bakery.com

$$$$ / MAP p. 245-109

— 빵집 시절의 간판과 외관을 그대로 유지하고 있다.

VINTAGE

__ 의류부터 패션 소품은 물론 아동복까지 구제용품의 A부터 Z까지 총망라한 숍

__ 깐깐한 주인장의 눈을 통과한 상태 좋은 구제만 판매한다.

맨해튼과 브루클린을 통틀어 10대 빈티지 숍으로 꼽힌다.

빈티지 보물찾기

브루클린에는 수많은 빈티지 가게가 있지만, 단일 매장 중 이정도 크기에 이토록 다양한 상품을 자랑하는 곳은 흔치 않다. 들어서는 순간 머리에서 발끝까지 구제 의류와 소품으로 무장할 수 있는 곳이다. 맨해튼과 브루클린을 통틀어 10대 빈티지 가게로 꼽힌다. 많은 양의 상품도 놀랍지만, 빼곡히 쌓인 수많은 제품의 위치를 속속들이 알고 있는 일본인 스태프는 그야말로 놀라울 따름이다. 일부러라도 뭐가 어디 있는지 물어보자. 그랜드 스트리트 베이커리보다는 싸고, 다음에 소개할 어반 정글보다는 제품 상태가 좋다. 저렴하면서 괜찮은 수준의 구제 패션 아이템을 구할 수 있는 곳으로 추천한다. 브루클린에서도 관광객이 별로 찾지 않는 로리머 스트리트의 뒤쪽에 있어 브루클린 패션 피플의 빈티지 사랑을 확인할 수 있다.

information

10ft single by Stella Dallas
10피트 싱글 바이 스텔라 달라스
285 N 6th St. / (718) 486-9482
B/T Havemeyer St. & Meeker Ave.
in Williamsburg
G Train / Metropolitan Ave.
월~일 12:00~19:30
$$ / MAP p. 245-74

NEW YORK | DIG
VINTAGE

— 핼러윈 준비가 한창인 10월의 모습

— 옷과 소품을 색상별로 정리해 두었다. 원하는 색상을 먼저 정하고
보물찾기를 시작하는 것이 팁!

Junk 정크

— 엄청난 양의 구제 용품을 갖추고 있는 정크에는 없는 것이 없다.

information
-
Junk
정크
197 N 9th St. / (718) 640-6299
B/T Bedford Ave. & Driggs Ave. in Williamsburg
(2호점 567 Driggs Ave. B/T N 6th St. & N 7th St.)
L Train / Bedford Ave.
월요일~일요일 9:00~21:00
motherofjunk2.blogspot.com
junk11211.com/home
$$$ / MAP p. 245-58

쓰레기 환생의 공간

어떤 물건이 쓰레기가 되는 시점은 언제부터일까? 브루클린에 2개의 가게로 구성된 정크에 들어서면 마치 내가 버린 물건까지 찾을 수 있을 것 같다. 10,000스퀘어가 넘는 공간에 빈티지 제품, 가구, 그릇, 예술 작품, 레코드, 책, 사진, 옷, 액세서리까지, 만물상이라는 말이 부족할 만큼 많은 물건이 빼곡히 자리 잡고 있다. 일주일에 세 번씩 미국 전국 각지에서 상품이 도착한다. 1970년대 만들어진 소다 병, 빛바랜 은 접시, 엘비스 프레슬리와 마돈나가 그려져 있는 액자, 자잘한 흠집으로 영롱함을 잃은 유리 제품, 공포영화 속에나 나올 것 같은 산발한 머리의 인형까지 시간 가는 줄 모르고 구경할 수 있다. 단, 오래되고 낡은 제품이 잔뜩 쌓여 있어 사람의 손길이 미처 닿지 못하는 곳이 많아 먼지가 많다. 소복소복 먼지가 날아오르지 않도록 가만가만 둘러보는 것이 요령이다. 주말에 열리는 빈티지 상점을 찾지 않더라도 수많은 구제, 중고 물품을 보고 살 수 있다. 누군가에는 버려져 쓰레기에 지나지 않던 물건이 정크에서 팔려나가는 순간 누군가에게는 의미 있는 것으로 환생한다.

— 발에 채이는 그림 중에는 마릴린 몬로와 엘비스 프레슬리도 있다.

VINTAGE

Urban Jungle
어반 정글

고물가를 견디는 스타일 법칙

information

Urban Jungle
어반 정글
118 Knickerbocker St.
(718) 381-8510
B/T Thames St. & Flushing Ave. in East Williamsburg, Bushwick
L Train / Morgan Ave.
월~일 12:00~19:00
$$ / MAP p. 247-12

10월의 브루클린, 주머니 가벼운 젊은이들은 겨울을 준비하기 시작한다. 가장 먼저 챙기는 것이 겨울옷이다. 쇼핑의 메카인 뉴욕에서 대형 쇼핑몰을 메우는 사람은 대부분 외국인 관광객이며 뉴욕에서 살아가는 젊은이들은 구제 가게를 사랑한다. 간단한 옷 수선으로 자신만의 옷으로 재가공하는 걸 즐기는 사람도 헌 옷을 사러 어반 정글을 찾는다. 어반 정글에는 전국 각지에서 중고의류와 패션 소품이 도착한다. 작은 점포에서 운영하던 빈티지 가게를 임대료가 저렴한 부시윅으로 옮겨 다년간 모아온 상품을 모두 내놓았다. 같은 상표의 제품이라도 보존 상태가 좋을수록 가격이 높다. 적정한 상태의 구제품을 저렴하게 건지는 건 자신의 몫이다.

__ 여름옷부터 겨울옷까지 원하는 계절의 옷을 고를 수 있다.

__ 매장 크기를 늘려 이사한 어반 정글은 전국 각지에서 들어오는 구제 용품으로 빽빽이 채워져 있다.

VINTAGE

Re POP
리폽

— 가게 앞에서 영화나 드라마 등의 촬영 소품으로 제품을 대여해 가는 큰 트럭을 자주 마주칠 수 있다.

빈티지 제품이 아닌
빈티지 그 자체

일러스트레이터 러셀 보일과 화가인 칼 그라우가 주인인 리폽은 전국 각지에서 수집한 빈티지, 앤티크 가구, 소품을 판매한다. 매장이 하나의 콘셉트에 맞춰 잘 꾸며져 있어 갤러리에 들어선 것 같은 느낌을 준다. 문을 열 때만 해도 현재의 딱 절반 크기였지만, 자꾸 늘어나는 상품이 가게 뒤편 자신들이 살고 있는 집까지 밀려들어와 지금의 크기가 됐다고 한다. 리폽은 각각의 빈티지 상품을 판매하는 것에 그치지 않고, 빈티지 인테리어 컨설팅을 하거나 브루클린 지역에서 촬영하는 영화, 사진 현장에 가구와 소품을 대여하고 있다. 윌리엄스버그의 빈티지한 멋이 물씬 풍기는 영화관 나이트호크의 인테리어 디자인을 한 것도 리폽이다. 버터라고 불리는 푸른색 밴으로 뉴욕뿐만 아니라 매사추세츠, 펜실베이니아, 중서부 등지에서 가구와 소품을 가져온다. 두 사람이 직접 이곳저곳을 여행하며 물건을 구해 올 때도 있지만, 전국 각지의 예술가들이 그들의 보물찾기를 도와주기도 한다. 미국 디자인 역사에 대한 자부심으로 원형을 보존하고 싼 가격에 팔지 않는 것을 원칙으로 하고 있다.

information

Re POP
리폽
143 Roebling St. / (718) 260-8032
B/T Hope St. & Metropolitan Ave. in Williamsburg
L train / Bedford Ave.
월~일 11:00~19:00
repopny.com
$$$ / MAP p. 245-87

SELECT SHOP

세상에 단 하나, 브루클린 디자이너 편집숍

베터 댄 잼은 브루클린 지역 디자이너의 작품을 모아 전시 판매하는 편집숍이다. 주말 벼룩시장에서 6~7년간 자신의 작품을 판매하던 디자이너 카린 페르산이 주인으로, 이 가게는 나름의 철학으로 무장했다. 디자이너끼리 서로 경쟁하지 않는 공간이 될 것, 오로지 브루클린 지역의 디자이너에게만 문을 열어둘 것, 이 2가지다. 자신만의 아이디어와 특화된 제품을 가지고 있는 브루클린 출신의 디자이너만이 베터 댄 잼의 한 공간을 차지할 수 있다. 어린 시절 집집마다 만들던 잼의 맛이 각기 다르고, 제 입맛에 따라 경쟁할 수 없듯이 베터 댄 잼 디자이너들의 작품은 유일무이, 자신만의 작품세계를 가지고 있어야 한다. 물론 작가에게 제품을 요구하거나 기준을 주지 않는다. 다만 그들이 만든 새로운 제품을 직접 가져와 함께 이야기하고 베터 댄 잼에서의 판매를 결정한다. 디자이너가 오가면서 베터 댄 잼을 방문하는 소비자와 만나는 기회가 만들어진다. 소비자와 창작자가 직접 만나는 장이 되는 것도 주인의 바람이다. 의류 디자이너인 주인 카린의 옷을 살 수 있다.

information

Better Than Jam
베터 댄 잼
123 Knickerbocker Ave. / (631) 377-2500
B/T Thames St. & Flushing Ave. in Bushwick
L Train / Morgan Ave.
월~목 12:00~18:00 / 금~토 12:00~20:00
일 12:00~18:00
betterthanjamnyc.com
$$$

— 문구부터 소품, 미술 도구 등 다양한 제품이 있어 기념품을 고르기 제격이다.

Better Than Jam
베터 댄 잼

— 브루클린 지역에서 만든 작품 또는 제품만 판매한다.

SELECT SHOP

By Brooklyn
바이 브루클린

브루클린 제품 다 모여!

12년 차 평범한 직장인이었던 가이아 디로레토는 벼룩시장에서 아이디어를 얻어 2011년에 바이 브루클린을 열었다. 브루클린의 작은 독립 가게들이 소비자들과 만나기 위해 벼룩시장을 찾지만, 일주일에 한 번, 두 번이 고작인 것에 주목했다. 좋은 제품이 매일 소비자와 만날 수 있다면 만드는 사람도 사는 사람도 서로 좋을 것이라는 단순한 생각이 시작점이었다. 브루클린 지역에서 생산하는 메이드 바이 브루클린 제품을 선별해 나무 선반과 테이블을 채웠다. 수공예 보석부터 의류, 책, 장인이 만든 식품, 유리병과 그릇, 시럽과 소스까지 그 종류도 다양하다. 최근에는 한국인이 만든 마마 O 김치가 추가되기도 했다. 단순히 지역 제품을 판매하는 데 그치는 것이 아니라 제작자와 소비자가 네트워크를 만들고 상호작용하기를 원한다. 그 목적으로 지역 제작자와 주민을 초대해 가게 뒤편에서 바비큐와 모금행사를 연다. 제작자의 의도와 소비자의 의견을 공유하면서 지역 제작자를 후원하는 장을 만들기 위한 것이다. 바이 브루클린의 진정한 메이드 바이 브루클린은 이런 가치 공유일 것이다.

― 브루클린의 핫한 브랜드를 모두 모았다. 특히 마마 O 김치는 요즘 그야말로 핫 아이템이다.

information

By Brooklyn
바이 브루클린
261 Smith St. / (718) 643-0606
B/T Douglass St. & Degraw St. in Cobble Hill
F, G Train / Carroll St.
월~수 11:00~19:00 / 목~토 11:00~20:00 / 일 11:00~19:00
bybrooklyn.com
$$ / MAP p. 253-11

― 프리마켓에서 아이디어를 얻어 매장 안에 브루클린표 프리마켓을 열었다.

SELECT SHOP

Fuego 718
푸에고 718

남미와 아시아를 아우르는 수제품 수집광

— 부두교가 연상되는 소품과 인테리어

— 남미와 아시아에서 들어오는 각종 소품은 죽음이나 환타지를 소재로 한 것이 많다.

입구에 들어서면 성황당에 온 듯 정신없으며 부두교를 연상시키는 장식물이 가득하다. 남아메리카의 어디쯤이라고 해도 믿을 정도다. 어디서 이 수많은 것을 가지고 왔을까 궁금해진다. 멕시코에서 들여온 수제품으로 2004년 문을 연 이래 페루와 타히티, 베트남, 인디아에서 상품을 들여오고 있으며, 브루클린 지역 아티스트의 작품도 판매한다. 모두 수공예품이라는 공통점을 가지고 있다. 형형색색의 이국적인 소품을 구경하다 보면 시간 가는 줄 모르게 되는 곳이다. 죽음에 관련된 소품이 많은데 최고 인기는 해골을 모티브로 만든 것들이다. 이외에도 마그네틱, 일러스트, 헝겊 인형, 엽서 등 눈요기할 것이 많다. 가게 이름은 스페인어로 불이란 뜻으로 동시에 열정을 의미한다. 13년 전 바르셀로나에서 브루클린으로 이민 와서 10년 동안 이 가게를 지켜온 주인의 열정을 대변하는 것 같다.

information

Fuego 718
푸에고 718
249 Grand St. / (718) 302-2913
B/T Driggs Ave. & Roebling St. in Williamsburg
L Train / Bedford Ave.
월~일 12:00~20:00
fuego718.com
$$ / MAP p. 245-85

SELECT SHOP

Urban outfitters(williamsburg)
어반 아웃피터스 윌리엄스버그점

브루클린만의 색깔을 가진 미국 대표 멀티숍

— 공장의 구조를 그대로 살리면서 실내에 식물을 키워 자연 친화적인 느낌이 들도록 디자인한 매장

1970년 창립한 어반 아웃피터스는 미국과 유럽 전역에 퍼져 있는 편집숍이다. 힙스터, 키치, 보헤미안, 복고풍 스타일의 패션 트렌드를 가장 잘 반영하면서도 개성을 잃지 않는 상품을 선보인다. 중저가의 유명 브랜드 신상품은 물론 이월상품 프로모션으로 저렴하게 패션 아이템을 늘릴 기회를 얻을 수 있다. 미국 어디서나, 뉴욕 곳곳에서 볼 수 있지만, 브루클린의 어반 아웃피터스는 느낌이 남다르다. 폐공장의 철근과 시멘트, 나무 등의 골조가 그대로 보일 뿐만 아니라 독특한 공간 활용으로 쇼핑의 재미를 더한다.

information

Urban outfitters
어반 아웃피터스 윌리엄스버그점
98 N 6th St. / (718) 599-0209
B/T Berry St. and Wythe Ave. in Williamsburg
L Train / Bedford Ave.
월~토 10:00~22:00 / 일 11:00~21:00
urbanoutfitters.com
$$ / MAP p. 245-40

SELECT SHOP

Shag
쉐그

성에 대한 예술적 담론

"우리는 섹스 가게가 아니라 섹시 가게입니다." 무슨 차이가 있을까 싶지만 극명한 차이가 있다. 섹스가 형이하학적 물질적 교류를 기본으로 한다면, 섹시는 형이상학적 심정적 교감이 전제되어야 한다고 할까? 브루클린 아티스트들의 성에 대한 예술적 해석은 금기시해왔던 성을 쉐그의 선반 위로 꺼내놓았다. 음란하다고만은 할 수 없는 아름다운 소품이 온몸을 자극한다. 목욕용품부터 액세서리, 각종 도구가 궁금증을 자아낸다. 몸보다는 마음으로 둘러보면 그들의 성에 대한 즐거운 담론에 동참할 수 있을 것이다.

information

Shag
쉐그
108 Roebling St. / (347) 721-3302
B/T 6th St. & 5th St. in Williamsburg
L Train / Bedford Ave.
월~목 12:00~20:00 / 금~토 12:00~21:00 / 일 12:00~20:00
weloveshag.com
$$ / MAP p. 245-66

DAILY LIFE

다른 누군가를 위한 가게

— 일러스트가 들어 있는 엽서 등 아기자기한 소품이 많아 기념품을 구매하기에 좋다.

나를 위해 사기에는 선뜻 손이 가지 않는 것들이 있다. 인형, 소품, 카드, 사진은 나보다는 다른 누군가를 위해서 기분 좋게 사는 선물일 때가 많다. 그런 소품이 가득한 곳이 바로 핑크 올리브다. 한국계 미국인인 그레이스 강이 이스트 빌리지를 시작으로 파크 슬로브와 윌리엄스버그에 문을 연 핑크 올리브는 선물을 주고받아야 하는 시즌이면 항상 미국 잡지에 오르내리는 곳이다. 인터넷 공식 홈페이지의 프레스 페이지를 열면 핑크 올리브가 소개된 각종 잡지 목록을 확인할 수 있다. 브루클린에서 기념품을 구매하기 좋은 곳으로 추천한다. 뉴욕 지역에서 만드는 수제용품과 아이디어가 번득이는 작은 소품이 차고도 넘친다. 'I♥NY' 티셔츠와 컵은 인제 그만 사자!

information

Pink Olive
핑크 올리브
167 Fifth Ave. / (212) 780-0036
B/T Lincoln & Berkeley Place in Park Slope
L Train / 1 Ave.
월~금 12:00~20:00 / 토 11:00~19:00 / 일 11:00~18:00
pinkolive.com
$$$ / MAP p. 245-64

DAILY LIFE

Home Body
홈바디

마이홈을 위한 소소한 예술

__ 그로테스크한 스탠드와 장식품

홈바디는 집과 몸에 필요한 예술 작품을 판다. 유명 화가의 그림과 조각이 아니라 일상생활에 녹아든 내 집 한구석에 있어도 좋을 법한 예술 작품이라고 할까? 미처 생각하지 못한 의외의 아이디어가 톡톡 튀는 독립예술가들의 작품으로 꾸며져 있다. 뿔이 난 아이 두상 모형의 그로테스크한 촛대, 뚜껑을 열기 미안하게 만들 것 같은 변기 뚜껑 등이 눈에 띈다. 특히 변기 뚜껑은 홈바디 주인의 작품이다.

__ 직접 손으로 일일이 그림을 그려 넣은 변기 뚜껑

information
-
Home Body
홈바디
449 7th Ave. / (718) 369-8980
B/T 6th Ave. & 16th St. in South Slope
F, G Train / 15 St. - Prospect Park
월~토 12:00~19:00 / 일 13:00~19:00
homebodyboutique.com
$$ / MAP p. 251-6

DAILY LIFE

Crest True Value Hardware & Urban Garden Center

크러스트 트루 밸류 하드웨어 앤 어반 가든 센터

돼지가 사는 하드웨어 전문점

— 정원 가꾸기에 필요한 건 뭐든지 있다. 씨앗부터 부토까지!

돼지 이름은 프랭클린, 뉴욕의 일간지에 소개될 정도로 유명하다. 50년간 가족 사업으로 브루클린을 지켜온 크러스트 트루 밸류 하드웨어 앤 어반 가든 센터의 트레이드마크다. 집안에 필요한 것들을 손수 만들고 고치는 미국적인 DIY 제품을 비롯하여 정원 가꾸기에 필요한 모든 것을 판다. 건물 뒤편에는 가게에서 직접 가꾸는 정원이 있다. 프랭클린은 정원과 가게를 오가며 손님을 맞는다. 한 자리를 50년이나 지켜온 역사적인 가게를 찾아가 미국인의 삶을 엿보는 재미도 있지만, 돼지 프랭클린 군을 만나는 즐거움도 빼놓을 수 없다.

information

Crest True Value Hardware & Urban Garden Center
크러스트 트루 밸류 하드웨어 앤 어반 가든 센터
558 Metropolitan Ave. / (718) 388–9521
B/T Union Ave. & Lorimer St. in Williamsburg
L Train / Lorimer St.
월~토 8:00~19:00 / 일 10:00~17:00
crestgarden.tumblr.com
$$ / MAP p. 245-103

DAILY LIFE

100년을 꿋꿋이 지켜온 자리

information
-
Northside Pharmacy
노스사이드 파머시
559 Driggs Ave. / (718) 387-6566
B/T 7th St. & 6th St. in Williamsburg
L Train / Bedford Ave.
월~토 10:00~20:00 / 일 11:00~17:00
northsidepharmacy.net
$$ / MAP p. 245-60

Northside Pharmacy
노스사이드 파머시

　지금의 노스사이드 파머시는 1998년 문을 열었다. 하지만 그 자리에 약국이 있었던 것은 이미 오래전부터였다. 베드퍼드 애비뉴의 많은 상점이 치솟은 임대료를 이기지 못하고 다른 곳으로 옮겨갔지만 노스사이드 파머시가 그 자리를 꿋꿋이 지킬 수 있었던 데는 재미있는 일화가 있다. 1970년대 약국에서 처음 직장 동료로 만난 두 여성이 있었다. 함께 일하면서 27년을 보냈고 약국 주인이 사망하면서 두 사람에게 약국을 남겨주었다. 그 약국에 노스사이드 파머시라는 이름을 붙이고 자신들의 약국을 만들었다. 레이첼 파커와 할리나 얀콥스키가 바로 그 주인공이다. 둘은 이웃의 요청에 귀를 기울이고 원하는 것에 집중했다. 약국을 찾는 사람들이 무엇을 선호하는지, 무엇을 얻으러 오는지 주의 깊게 살폈고, 노스사이드 파머시는 윌리엄스버그에 사는 사람이라면 누구나 찾는 약국이 되었다. 레이첼은 손님의 기호를 살펴 신상품을 들여왔다. 약품뿐만 아니라 유기농 비누, 화장품, 욕실용품 등 브루클린 지역의 수제 제품을 찾는 재미가 쏠쏠하다. 동료 할리나는 물품 대금을 지급하고 운영 자금을 관리하고 있다. 두 사람 모두 스페인어와 폴란드어 등 여러 외국어를 구사한다. 이민자가 많은 지역이었던 브루클린 윌리엄스버그를 지킬 수 있는 또 하나의 이유다.

__ 메인 코너에 놓인 브루클리너가 사랑하는 타투에 필요한 연고와 크림

NEW YORK | DIG
LIST

DIG LIST

매리 메이어 앤 프렌즈 빈티지
Mary Meyer and Friends Vintage

디자이너 브랜드 신제품 & 구제 편집숍
56 Bogart St. Brooklyn / (718) 386-6279
월~일 12:00~20:30
marymeyerclothing.com
$

킨포크
Kinfolk

힙한 남자를 위한 킨포크 스타일 편집숍
94 Wythe Ave. Brooklyn
(347) 799-2946
월~일 12:00~20:00
kinfolklife.com
$$ / MAP p. 245-31

알레그리아 부티크
Allegria Boutique

쇼윈도우부터 눈길을 사로잡는 수공예품점, 브루클린 지역 디자이너들의 수제 유아동 의류와 장난감
85 N 3rd St. Brooklyn / (718) 388-2500
월 휴무 / 화~일 11:30~19:00
allegriaboutique.com
$$ / MAP p. 245-46

브루클린 참
Brooklyn Charm

팔찌와 목걸이, 반지 등 DIY 쥬얼리 숍
145 Bedford Ave. / (347) 689-2492
오전 11:00~20:00
brooklyncharmshop.com
$$ / MAP p. 245-57

트위그 테라리움
Twig Terrariums

도시형 정원을 위한 예술적 아이디어
어반 가드닝 교실 운영
287 3rd Ave. / (718) 488-8944
월~수 휴무 / 목~일 12:00~19:00
twigterrariums.com
$ / MAP p. 253-24

레드로프렛 빈티지 기타스
Retrofret Vintage Guitars

간판 없는 세계적인 빈티지 기타 가게
233 Butler St. / (718) 237-6092
월~금 12:00~19:00 / 토 12:00~18:00
일 휴무
retrofret.com
$$ / MAP p. 253-20

라임
Rime

프리미엄급 한정판만 모았다! 남성패션 편집숍
157 Smith St. / (718) 797-0675
월~토 10:30~20:00 / 일 11:30~18:30
rimenyc.com
$ / MAP p. 253-17

플라잇 001
Flight 001

세계 여행 작가 2명이 만든 여행 필수품 전문점
96 Greenwich Ave. / (212) 989-0001
flight001.com
월~금 11:00~8:30 / 토 11:00~20:00
일 12:00~18:00

그럼피 버트
Grumpy Bert

수공예 장난감과 아트갤러리
디자이너 소품 주문 제작, 글쓰기 워크숍 등 작지만 다양한 이벤트
82 Bond St. / (347) 855-4849
월 휴관 / 화~일 12:00~19:00
12:00~18:00
grumpybert.com
$$ / MAP p. 253-19

LIST

폭시 앤 윈스턴
Foxy & Winston

유러피언 감각의 수공예 전문점
392 Van Brunt St. / (718) 928-4855
월~화 휴무 / 수~일 12:00~18:00
foxyandwinston.com
$

비콘스 클로젯
Beacon's Closet

체계적인 관리로 상태 좋은 구제용품 체인점
74 Guernsey St. / (718) 486-0816
월~금 11:00~20:00 / 토~일 11:00~20:00
beaconscloset.com

아티스트 앤 프리마켓
Artists and Fleas Market

70 N 7th St. / (917) 301-5765
토~일 10:00~19:00
artistsandfleas.com
$$ / MAP p. 245-36

박스터 앤 립첸
Baxter & Liebchen

1950~1960년대 덴마크 빈티지 가구 판매점
33 Jay St. / (718) 797-0630
월~토 10:00~18:00 / 일 12:00~18:00
baxterliebchen.com
$$ / MAP p. 253-4

키스 엔와이씨
Kith NYC

한정판 브랜드 신발 편집숍
나이키와 아디다스, 뉴발란스 등
233 Flatbush Ave. / 646-648-6285
월~토 11:00~20:00 / 일 12:00~19:00
kithnyc.com
$$ / MAP p. 249-22

숍 찰리
soap cherie

입 안으로 쏙 넣고 싶은 입욕제, 욕실용품 전문점
218 Bedford Ave. / (718) 388-1165
월~목 12:00~20:30 / 금~일 10:30~21:30
soapcherie.com
$$ / MAP p. 245-53

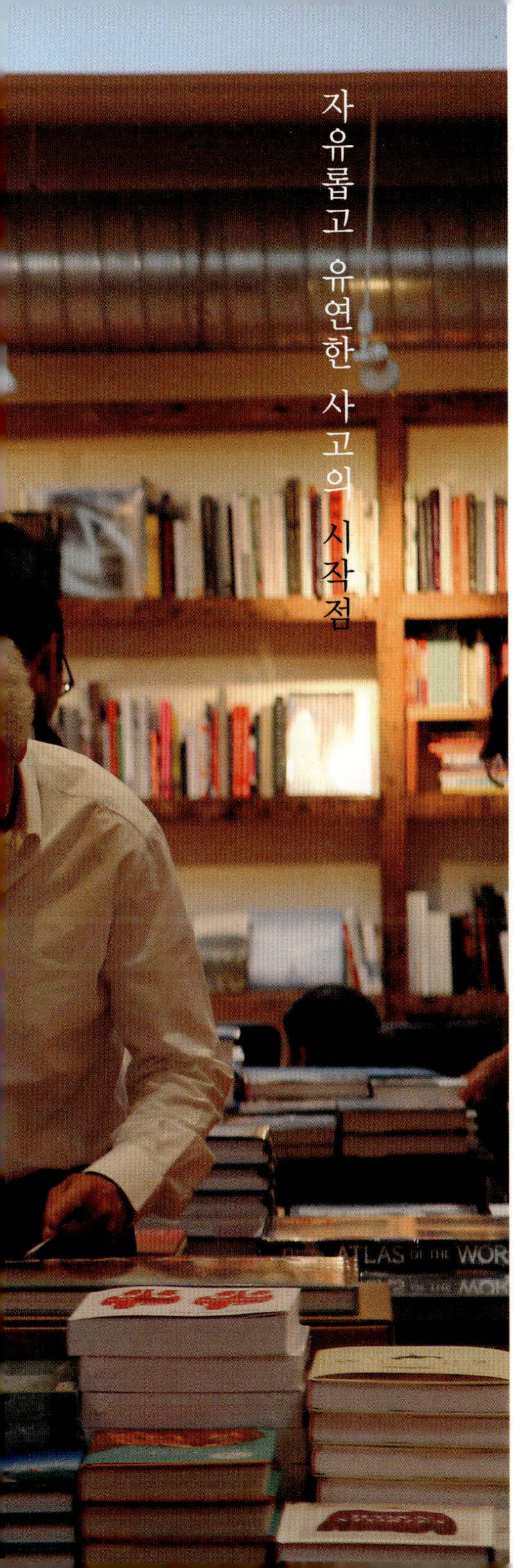

자유롭고 유연한 사고의 시작점

THINK

생각하기

브루클린만의 자유로움과 유연함은 어디서 오는 걸까? 첨단 도시에서 1980년대의 향수를 진하게 느낄 수 있는 브루클린. 아이폰과 아이패드에 열광하면서 LP와 헌책을 사랑하는 브루클린 사람들의 삶은 모순과 균형이 공존하는 묘한 매력을 내뿜는다. 브루클린이 가지고 있는 공원과 바다, 서점과 대학이 그런 토양을 만들어 준 것은 아닐까? 고물가의 압박과 숨 가쁜 경쟁의 틈바구니 속에 살아가지만 일상을 잠시 내려놓고 서점 한 쪽에 숨어들어 하루 종일 책을 읽을 수 있는 곳, 지하철을 타고 훌쩍 떠나 하염없이 바다를 바라볼 수 있는 곳, 온몸이 흠뻑 젖도록 달리고 또 달릴 수 있는 공원을 가진 브루클린이기에 가능한 것이 아닐까 생각해본다.

Prospect Park
프로스펙트 파크

— 공원 내 프로스펙트 호수는 사람뿐만 아니라 새들도 쉬어가는 장소다.

— 가족 단위로 찾는 사람이 많다.

— 자연 학습장으로도 손색없는 프로스펙트 파크

NEW YORK | THINK
PARK

브루클린 최대의 힐링 포인트

브루클린 최대 규모의 공원인 프로스펙트 파크는 맨해튼의 센트럴 파크 다음으로 조경계획에 따라 만들어진 공원이다. 센트럴 파크를 디자인한 프레드릭 로우 옴스테드와 칼베르 복스가 디자인한 공원이기도 하다. 프로스펙트 파크가 처음 계획된 것은 1859년으로 센트럴 파크가 완성된 다음 해였다.

지금의 브루클린 뮤지엄, 공공도서관, 보태니컬 가든이 있는 자리까지 공원 부지로 계획되어 있었지만 1860년 말부터 시작된 남북전쟁으로 계획이 미뤄지면서 지금의 크기가 되었다. 1865년에야 실질적인 공원 조성이 시작되었고 완성되기까지 30년의 시간이 걸렸다. 미국의 공원 중 가장 넓은 목초지를 가진 공원, 시민이 기금을 조성하여 운영되는 공원으로 유명하다. 뉴욕의 센트럴 파크보다는 한적하고 자연친화적인 것도 특징이다. 넓은 잔디밭에서 하루 종일 책을 읽고 싶은 마음이 들 정도로 고즈넉한 매력을 지녔다. 공원에 누워 스르륵 단잠에 빠지는 것은 선택사항이다. 단 불운의 사태에 대비해 귀중품은 머리 밑에 베고 잠들 것!

information
-
Prospect Park
프로스펙트 파크
95 Prospect Park W / (718) 965-8951
B, Q, S Train / Prospect Park
prospectpark.org
무료입장
MAP p. 251-10

THINK

NEW YORK | THINK
PARK

Coney Island
코니아일랜드

바다를 끼고 있는 도시,
브루클린의 멋

information

Coney Island
코니아일랜드
1000 Surf Ave. / (718) 372-0275
B/T 10th St. & 8th St. in Coney Island
F, Q, W Train / 8 St. – Ny Aquarium
coneyisland.com

PARK

— 최근 새로 단장한 놀이기구도 코니아일랜드를 찾는 재미 중 하나

— 바다 낚시를 즐기는 낚시꾼도 많다.

— 코니아일랜드의 이름이 붙은 맥주와 핫도그는 꼭 맛봐야 할 별미다.

미국 최초의 본격적인 유원지인 코니아일랜드는 1880년대부터 세계 2차 대전 전까지 미국에서 손꼽히는 휴양지였다. 매년 수 백 만 명의 사람이 찾았고 루나파크, 드림랜드, 장애물 경주 공원 등이 속속 들어서며 영화를 누렸다. 1882년에는 코끼리 모양의 기상천외한 호텔까지 들어서 자유의 여신상과 함께 뉴욕을 대표하는 명물로 꼽히기도 했다. (코끼리 호텔은 1896년 화재 이후 철거되었다.) 1920년대 뉴욕 지하철이 연결되며 가장 화려한 시기를 맞이한다. 그러나 텔레비전과 영화관 등의 새로운 오락물에 밀려나기 시작하면서 1950년대 코니아일랜드는 갱과 일탈 청소년이 상주하는 위험한 곳으로 변질되었다. 범죄의 온상이 된 놀이공원은 1964년에 폐쇄되기에 이른다. 2003년 브룸버그 시장이 올림픽 유치를 목적으로 코니아일랜드 살리기에 관심을 쏟기 시작하면서 그 노력은 지금까지 이어지고 있다. 불과 5~6년 전만해도 코니아일랜드는 뉴욕 여행 책에서 찾기 어려웠지만 이제는 꼭 가봐야 할, 대서양의 아름다움을 느낄 수 있는 브루클린의 명소로 자리매김하고 있다. 바닷가 망중한은 코니아일랜드표 맥주, 핫도그와 반드시 함께 할 것! (매년 7월, 핫도그 먹기 대회가 열린다.)

PARK

Brooklyn Botanic Garden
브루클린 보태닉 가든

　1910년에 문을 연 브루클린 보태닉 가든은 많은 사람의 관심과 노력이 깃든 식물원이다. 수년에 걸쳐 새로운 정원이 브루클린 보태닉 가든 안에 하나 둘 생겨났고 2007년 분재원을 마지막으로 지금의 모습이 되었다. 야생화와 뉴욕 자생 식물을 볼 수 있는 네이티브 플로라 가든, 일본인 디자이너가 마스터 피스를 완성한 일본식 정원 재패니즈 힐 앤 폰드, 월터 V. 크랜포드의 기부로 만들어진 장미원 크랜포드 로즈 가든 등 동서양을 아우르는 구성으로 이루어져 있다. 봄에는 벚꽃이 만발하고 가을이면 단풍이 아름다워 결혼식과 웨딩 촬영 장소로도 유명하다. 특히 왕벚꽃이 만개하는 봄의 브루클린 보태니컬 가든은 그 어느 때보다 아름답다. 시즌에 맞게 무료 가든 투어를 운영하고 있다. (사전 예약 없이 방문 시 매표소에서 확인) 개별적인 그룹 투어는 일인당 $15로 사전 예약이 필요하고 10인 이상이어야 가능하다. 매주 화요일에는 무료입장이니 백분활용하자.

information

Brooklyn Botanic garden
브루클린 보태닉 가든
1000 Washington Ave. / (718) 623-7200
at Sullivan Place in Prospect Heights
S Train / Botanic Garden
2, 3, 4, 5 Train / Franklin Ave.
하절기 (3월~ 10월): 화~금 8:00~18:00 / 토~일 10:00~18:00 / 월 휴관
메모리얼데이, 콜럼버스데이 요일에 상관없이 운영(10:00~18:00)
동절기 (11월~2월): 화~금 8:00~16:40 / 토~일 10:00~16:30 / 월 휴관
발렌타인데이, 마틴루터킹데이, 프레지던트데이 요일에 상관없이 운영(10:00~16:30)
추수감사절, 크리스마스, 새해 첫 날, 노동절 요일에 상관없이 휴관
www.bbg.org
성인 $10 / 노인(65세 이상) $5 / 학생(학생증필수지참) $5 / 아동(12세 미만) 무료
매주 화요일, 동절기 중주 무료

PARK

나무가 자라듯 완성된 정원

— 장미원 앞의 소녀상

— 언제나 개방되어 있는 잔디밭

— 일본인 디자이너가 완성한 재패니즈 힐 앤 폰드는 보태닉 가든 내에서 최고의 명소다.

— 작은 크기만 개가 뛰어놀 수 있는 공간까지 따로 있다.

information

Monsignor McGolrick Park
몬시뇰 맥골릭 파크
B/T Nassau Ave. & Russell St. at / Greenpoint
G Train / Nassau Ave.
nycgovparks.org/parks/msgr-mcgolrick-park

Monsignor McGolrick Park
몬시뇰 맥골릭 파크

한 사람의 이름으로 기억되는 방법

그린포인트의 이 어려운 이름의 공원은 아일랜드 이민자이자 목사였던 몬시뇰 에드워드 제이 맥골릭의 이름에서 따왔다. 그는 1889년 브루클린 시가 이 지역의 땅을 공원 부지로 매입하고, 이후 1910년 공원을 완성하는 동안 지역사회를 이끌었던 종교 지도자였다. 아일랜드 출신의 그린포인터라면 다양한 지역 사회 활동으로 그린포인트 지역을 이끌었던 몬시뇰 목사를 당연히 안다고 해도 과언이 아니다. 그린포인트의 아일랜드계 이민자에게는 꽤나 의미 있는 곳이다. 공원에 얽힌 이야기를 뒤로 하고 이 작은 공원의 매력은 하늘 위로 쭉쭉 뻗은 나무와 벤치다. 주말에 열리는 작은 팜 마켓도 즐길 거리다.

PARK

브루클린에서 가장 활기 넘치는 공원

각종 체육시설과 놀이시설, 넓은 운동장과 농구 코트, 축구장 등 뛰어 노는 학생과 젊은이로 늦은 밤까지 활기가 넘친다. 윌리엄스버그와 그린포인트가 만나는 지점에 있다. 인근 초중고교 학생들의 수업 장소로 쓰일 만큼 넉넉한 공간이다. 음악을 듣고 책을 읽으며 한가로운 한 때를 보내는 사람도 많다. 주말에는 바비큐 파티를 즐기는 사람들을 만날 수 있다. 프로스펙트 파크가 힐링을 위한 여유로움이 가득하다면 맥캐런 파크는 땀 흘리는 젊은이의 활력이 충만하다. 어린이를 위한 쿼터 마일 트랙, 아이스링크, 수영장, 테니스코트, 댄스 플랫폼 등 다양한 운동시설을 제공하고 있다. 야구, 축구 등 기본 구기 스포츠를 즐기기에도 넉넉한 공간이다. 맥캐런 파크는 1881년 주 의회 선거에서 브루클린 민주당을 승리로 이끌었던 패트릭 헨리 맥캐런 의원의 이름에서 따왔다.

information

Mc Carren park
맥캐런 파크
776 N 12 St. Lorimer St.
B/T Bayard St. and Driggs Ave. in Williamsburg
G Train / Nassau Ave.
www.nycgovparks.org/parks/mccarren-park

공원이 된 미국 독립전쟁의 격전지

브루클린의 첫 번째 공원이자 독립전쟁의 아픔을 기리는 공원이다. 독립전쟁에서 희생된 11,500명의 유골이 순교자 기념비 아래 잠들어 있다. 1812년 독립전쟁을 위해 만든 요새가 서 있던 땅이 전쟁의 포화를 견디고 1847년 공원이 되었다. 20년 후, 센트럴 파크와 프로스펙트 파크를 디자인한 조경전문가 프레드릭 로우 옴스테드와 칼베르 복스에 의해 새롭게 태어난 공원은 워싱턴 공원에서 포트 그린 파크로 이름이 바뀌었다고 한다. 미국인의 독립정신이 깃든 곳, 모르고 가면 여느 평범한 공원과 다름없지만 알고 보면 대단한 땅 위를 산책하고 있는 것이다. 주말에는 뉴욕 각지에서 몰려든 신선한 농산물을 살 수 있는 그린마켓이 열린다. 공원 안에는 농구코트, 피트니스 장, 놀이터, 테니스 코트, 강아지 놀이터, 화장실 등을 갖추고 있고 한 쪽에는 바비큐를 할 수 있는 공간도 있다.

Fort Greene Park
포트 그린 파크

information

Fort Greene Park
포트 그린 파크
Myrtle Ave. / (718) 222-1461
B/T Washington Park and St. in Fort Greene
G Train / Fulton St.

NEW YORK | THINK
BOOK STORE

밖에서 보는 것보다 안이 훨씬 넓은 북 코트. 저자 낭독회와 사인회가 자주 열린다.

information

Book Court
북 코트
163 Court St. / (718) 875-3677
B/T Dean St. & Amity St. in Cobble Hill
F, G Train / Bergen St.
월~토 9:00~20:00 / 일 10:00~20:00
bookcourt.com
$$ / MAP p. 253-5

Book Court
북 코트

독립서점의 새로운 지향점, 커뮤니티

아마존과 전자책의 등장으로 미국에서도 많은 동네 서점이 문을 닫았다. 코블힐의 북 코트는 동네서점의 잔혹사 속에서 꿋꿋이 30년 넘게 자리를 지켜온 서점으로 최근 두 번의 확장공사까지 했다. 1981년 문을 연 이후 현재까지 사람의 발길이 끊이지 않는 이유는 뭘까? 이 오래된 서점의 비밀병기는 커뮤니티다. 혼자 서점을 찾아가도 누군가 반겨주는 사람이 있으며, 책을 찾을 때 내가 무엇을 원하는지 알고 권하는 사람이 있고, 같은 책을 읽고 이야기하고 공감할 수 있는 사람을 만날 수 있는 단단한 커뮤니티를 가지고 있다. 2005년 1세대 주인 부부의 이혼으로 문을 닫을 뻔했지만, 아들인 잭 죽이 서점을 넘겨받으면서 더욱 호황을 누리고 있다. 2세대 오너인 잭은 아마존과 전자책으로는 절대로 대체 될 수 없는 독립서점, 동네책방의 강점을 어떻게 살릴지 언제나 고민한다. 그런 생각으로 2011년부터 독립출판사, 아트 갤러리, 북 커뮤니티 센터 등에 투자를 하고 있다. 또한, 작가와 독자가 직접 만날 수 있는 파티를 열기도 한다. 단지 책을 팔고 사는 곳이 아닌 책을 통해 할 수 있는 많은 일을 고민하는 커뮤니티로서의 북 코트는 동네서점 생존법의 교과서가 될 법하다.

BOOK STORE

Human Relations
휴먼 릴레이션스

인간관계가 어렵다면, 책!

책에서 책으로 이어지는 인간관계에서 착안한 이름 휴먼 릴레이션스는 헌책방이다. 다른 사람이 읽은 책이 또 다른 누군가의 손에 들어가는 것, 한 권의 책으로 자신 스스로도 알지 못하는 순간 '관계'가 생겨난다. 관계가 어려운 사람도 종종 책 속에서 답을 찾는다. 때로는 관계를 피해 책 속으로 숨기도 한다. 요렇게 조렇게 설명을 듣다보니 꽤나 그럴듯한 헌책방 이름이 아닌가! 꽤 높은 수준의 소설, 철학, 필름, 외국어, 역사, 예술, 과학, 요리, 드라마 등등 모든 장르의 책이 작은 헌책방의 책장을 빼곡히 채우고 있다. 조금 딴소리를 하자면 부시윅을 걷다가 '책'이라는 한글 간판이 반가워서라도 들어가게 된다.

---

information

Human Relations
휴먼 릴레이션스
1067 Flushing Ave.
B/T Noll St. & Knickerbocker Ave. in East Williamsburg, Bushwick
L Train / Morgan Ave.
월~일 12:00~20:00
humanrelationsbooks.com
MAP p. 247-13

다른 장르별로 잘 정리되어 원하는 책을 쉽게 찾을 수 있다.

BOOK STORE

브루클린의 만화 허브

 판다라는 말보다 공유라는 말이 더 어울리는 만화전문점 디저트 아일랜드. 2008년 빵집 자리에 외장을 고치지 않고 들어앉은 만화전문점이다. 자체 출판만화와 지역 만화가들의 만화, 그래픽 소설, 손으로 직접 그린 작품집, 마니아를 위한 빈티지 서적까지 취급한다. 누구든 와서 출판을 의뢰할 수 있고 출판된 만화를 가져와 판매를 의뢰할 수도 있다. 디저트 아일랜드는 독특한 분위기와 멋진 셀렉션으로 유명하다. 맨해튼과 브루클린 지역에서 활동하는 많은 작가의 흥미로운 작품을 볼 수 있고 뉴욕의 만화 트렌드를 읽을 수 있는 가장 손쉬운 장소이다. 디저트 아일랜드는 오너인 게이브 파울러가 브루클린만화축제 '코믹 아트 브루클린(Comics Arts Brooklyn)'을 만들면서 더 많이 알려지게 되었다. 맨해튼에서 매년 개최되는 MoCCA 페스티벌이 지명도가 쌓이면서 입장료는 비싸지고, 신인이 참가하기에 점점 어려운 축제가 되어가는 것을 안타까워하다 내린 결론이었다. 신인에게는 관대하고, 관람객에게는 입장료를 받지 않는 페스티벌 '코믹 아트 브루클린'은 단숨에 관심을 모았다. 지역 작가와 만화를 사랑하는 지역 주민의 열렬한 환영을 받았음은 굳이 말할 필요가 없다.

↳ 판매와 출판을 함께 하는 열린 공간이다. 카운터에서 손님과 환담중인 사람이 바로 오너 게이브 파울러다.

Desert Island
디저트 아일랜드

BOOK STORE

— 핼러윈을 앞두고 호박색으로 꾸몄다.

— 미국은 물론 만화 천국인 일본의 작품도 보이고 간간이 한국 만화가의 작품도 눈에 띈다.

information
-
Desert Island
디저트 아일랜드
540 Metropolitan Ave. / (718) 388-5087
B/T Lorimer St. & Union Ave. in Williamsburg
L Train / Lorimer St.
월~토 12:00~21:00 / 일 12:00~19:00
desertislandbrooklyn.com
$$ / MAP p. 245-104

BOOK STORE

Molasses Books
모라세스 북스

한 손에는 책, 한 손에는 맥주가 진리

"여기가 바로 힙스터 천국이라고 외치는 부시윅 사람들은 참 좋겠어, 이런 곳이 생겼으니!"라고 당당하게 말하는 헌책방이다. 중고서적을 사고 팔 수 있으며, 맥주를 비롯한 음료수를 마실 수 있다. 바와 카페, 그리고 헌책방의 결합이다. 읽고 마시고 살 수 있는 곳, 모라세스 북은 주인 맷 윈이 머천다이저, 바텐더, 디제이까지 도맡아 하는 작은 책방이다. 한 쪽에 편하게 앉아 작업을 하거나 책을 읽으며 자신만의 시간을 갖는 브루클린 주민의 모습을 볼 수 있는 곳이다. 문학 살롱 모임이나 책 읽기 모임 등 소그룹 이벤트를 진행하기도 한다. 볕이 좋은 날, 헌책 한 권에 맥주 한 잔을 들고 자리를 차지하고 앉아 있으면, 마치 내가 브루클린의 주민이라도 된 듯하다.

information
Molasses Books
모라세스 북스
770 Hart St. / (631) 882-5188
B/T Wilson Ave. & Knickerbocker Ave. in Bushwick
M Train / Knickerbocker Ave.
월~일 10:00~24:00
$$ (맥주 $5~6 정도)
MAP p. 247-28

— 읽고 마시고 사는 북카페 모라세스 북스

— 혼자 찾아와 시간을 보내는 사람들의 손에는 노트북보다는 책이 더 많이 들려 있다.

추천 도서들을 따로 진열 중이다.

BOOK STORE

The POWER HOUSE Arena
더 파워 하우스 아레나

읽고 보고 생각하는 지역문화 공간

브루클린의 유명 독립출판사 파워 하우스 북스에서 운영하는 독립문화 공간으로 서점과 갤러리가 한 곳에 있다. 꽤 큰 규모지만 브랜드 서점과는 다른 개성이 느껴지는 곳이다. 지역 작가들의 독특하고 키치한 서적이 눈에 많이 띈다. 사진과 일러스트 등 비주얼이 중심이 되는 서적이 많은 것이 더 파워 하우스 아레나 라인업의 특징이다. 그도 그럴 것이 2008년부터 뉴욕 사진 페스티벌을 주최하고 있으니 사진 관련 서적이 많은 것은 당연한 일. 서적 파트에서는 넉넉한 공간을 저자 출판회, 시 낭송회, 문학 강연 등에 매우 유연하게 활용한다. 덤보 페스티벌 기간에 찾으면 더 많은 이벤트와 전시를 볼 수 있다. 이외에도 개성 있는 에코백, 엽서, 문구 등을 사기에도 좋다. 지역문화 공간으로서의 역할을 톡톡히 하고 있는 더 파워 하우스 아레나 같은 곳이 우리 동네에도 있었으면 좋겠다고 바라는 건 욕심일까?

information

The POWER HOUSE Arena
더 파워 하우스 아레나
37 Main Street / (718) 666-3049
B/T Water St. & Front St. in DUMBO
A, C Trian / High St.
월~토 10:00~ 20:00 / 일 10:00~19:00
powerhousearena.com
$$ / MAP p. 253-2

BOOK STORE

Word Brooklyn
워드 브루클린
발로 찾는 일상 서점

information
Word Brooklyn
워드 브루클린
126 Franklin St. Brooklyn
(718) 383-0096
B/T Noble St. & Green Point Ave. in Green Point
G Train / Green Point Ave.
월~일 10:00~21:00
wordbrooklyn.com
$$ / MAP p. 245-8

미국의 대형브랜드 서점 보더스가 경영악화로 파산하던 2013년, 브루클린에서 뉴저지로 분점을 낸 대단한 저력의 동네책방이다. 워드의 성공 사례는 워싱턴포스트 지가 주목할 정도로 이례적인 것이었다. 약 28평인 서점의 성공 요인은 무엇이었을까? 바로 사람이었다. 사람들이 이 서점을 찾도록 만드는 것. 지역 주민을 대상으로 하는 이 서점은 개개인의 성향을 파악하고 기억하는 맞춤서비스에 초점을 맞추었다. 간혹 없는 책이 있어도 문제없다. 대신 주문해주고 받아주고 전달해준다. 귀찮은 구매 과정과 낮에 사람이 없는 집을 걱정할 필요 없는 서비스다. 종이책보다 전자책이 좋아? 그래서 전자책을 살 수 있도록 홈페이지 섹션을 추가했다. 독자가 원하는 것, 책을 많이 읽는 사람의 특징을 놓치지 않았다. 진심으로 감명 깊게 읽은 책은 종이책으로 소장하고 싶어 하는 성향도 백분 활용했다. 인터넷 서점, 전자책으로는 해소할 수 없는 갈증을 메워주고, 온라인과 디지털이 주는 편리함마저도 상쇄해 버리는 워드의 현명한 틈새 공략은 해 질 녘 집으로 향하는 그린포인터들의 발걸음을 워드로 돌리게 만들었다.

— 저녁 시간이 되면 퇴근길에 들러 한 권의 책을 사려는 사람들로 북적인다.

BOOK STORE

greenlight Bookstore

그린라이트 북스토어

모두의 힘으로 밝힌 녹색 불

information

greenlight Bookstore
그린라이트 북스토어
686 Fulton St. / (718) 246-0200
B/T S Elliot Place & S Portland Ave. in Fort Greene
A, C Train / Lafayette Ave.
월~일 10:00~22:00
greenlightbookstore.com
$$ / MAP p. 249-35

그린라이트 서점은 사전에 치밀하게 계획되어 지역 주민과 지인들의 지지와 지원으로 태어나 성장하고 있는 서점이다. 그린라이트 서점의 공동창업자 중 한 명인 제시카 스톡턴 백눌로는 2007년 브루클린 공공도서관의 파워 업 프로그램의 일환이었던 서점 사업계획 어워드에서 대상을 수상했다. 그때 받은 상금이 그린라이트의 밑받침이 되었다. 이후 어디에 서점을 만들어야 할까 고민하던 중, 소득 수준, 인종, 주거환경 등 모든 통계 수치가 포트 그린을 향하고 있었다고 한다. 2009년 10월 16일 첫 책을 판매하면서 꿈으로 그리던 서점 사업계획을 실현하고 있다. 저자 간담회, 낭독회, 독서회 등은 물론 각종 도서박람회에 참가하고 지역 주민을 위한 공연도 연다. 그린라이트 서점의 월간 달력에는 온/오프라인 행사가 빼곡하게 적혀 있다. 워드와 마찬가지로 전자책을 두려워하지 않는다. 오히려 고객이 원하는 서적의 전자책을 적극적으로 만들고 구매할 수 있도록 돕고 있다. 서점이 단지 책을 파는 공간이 아닌 지역커뮤니티의 장이 되어야 한다는 사실을 전면으로 보여주는 동네서점의 성공 사례다.

— 아이들을 위한 독서코너가 특화되어 있다.

— 낭독회와 간담회 등 독자와 저자가 만나는 기회를 적극적으로 만드는 서점이다.

— BAM의 문은 모두에게 활짝 열려 있다. 각종 공연과 전시를 언제나 감상할 수 있으며 무료로 운영하는 경우가 많다.

— 1층에는 예술극장과 영화관, 전시실이 자리 잡고 있다.

SCHOOL

BAM | Brooklyn Academy of Music
브루클린 아카데미 오브 뮤직

뉴욕을 넘어
세계 예술계의 중심에 서다

1861년에 설립되어 150여 년의 역사를 자랑하는 BAM은 전 세계 전위예술의 선봉에 서 있다. 2,100석의 오페라 하우스, 874석 규모의 하베이 시어터, 예술 영화 상영을 위한 로즈시네마, 콘서트와 전시를 위한 BAM Cafe 등이 있다. BAM이 주목 받는 이유는 '국제 감각'과 '실험 정신'을 꼽을 수 있다. BAM이 주최하고, 다양한 장르의 혁신적인 예술가가 동참하는 '넥스트 웨이브 페스티벌'은 뉴욕의 주요 예술 페스티벌 중 하나다. 또한 세계 공연예술계를 주도하는 아티스트들의 마스터 클라스 수업은 수준이 높기로 유명하다. 이외에도 다양한 수업을 진행하고 있으며 수업에서 만든 완성작은 무대를 통해 선보인다. 틀에 갇히지 않는 자유, 기존에는 볼 수 없었던 무엇을 끌어내는 힘이 뉴욕을 넘어 세계 예술의 중심에 BAM이 우뚝 서 있을 수 있는 원천이 되었다.

information
-
BAM | Brooklyn Academy of Music
브루클린 아카데미 오브 뮤직
30 Lafayette Ave. / (718) 623-7811
B/T Ashland Place & St. Felix St.
in Fort Greene
G Train / Fulton St.
bam.org

LIBRARY

Mellow Pages Library
멜로우 페이지 도서관

주인과 방문객이 함께 앉아 책을 읽는 동네책방으로 회원제로 운영된다.

1980년대 만화방에서 권당 50원을 내고 책을 읽던 기억이 멜로우 페이지의 문을 열고 들어서는 순간 떠오른다. 주요 출판사의 책은 광고나 작가 스스로의 지명도로 독자를 찾기 쉽지만, 소규모 독립 출판사는 독자를 찾기 힘들다. 멜로우 페이지는 다른 곳에서는 찾기 힘든 책을 공유하는 커뮤니티이자 도서관이다. 독립출판사의 시중에서는 쉽게 보기 힘든 책으로 자신들만의 특화된 도서관을 만든 것이다. 저자나 독립출판사로부터 책을 기부 받기도 하지만 나름 기준이 있다. 메이저 출판사에서 출간하여 이미 많은 사람이 알고 있는 책이나 베스트셀러, 유명 저자의 책은 멜로우 페이지에는 없다. 월간, 연간으로 돈을 지불하는 멤버십 형태로 운영한다. 요즘 시대에 누가 돈을 내고 책을 빌려 읽을까 싶지만, 전자책으로도, 서점에서도 구하기 힘든 1,300권의 희귀본 책을 읽을 수 있는 곳이기에 사람들의 발걸음이 이어지고, 뉴욕타임스까지 주목하는 꽤 멋진 동네도서관이 되었다.

1,300권의 희귀본을 소장한 동네도서관

information

Mellow Pages Library
멜로우 페이지 도서관
56 Bogart St. 1S / 206 459 1358
B/T Harrison Place & Grattan St. in Bushwick
L Train / Morgan St.
월~화 휴관 / 수~일 12:00~19:00
mellowpageslibrary.com
$$ (연간회원권 $80/ 월정기권 $10~20)
MAP p. 247-4

LIBRARY

브루클린 공공도서관 본관은 보태니컬 가든과 브루클린 뮤지엄 사이에 있다.

지역 문화 허브의 역할을 하는 공공도서관

미국 전역의 1만 5천 개의 공공도서관 중 5번째로 큰 규모의 도서관 시스템을 갖추고 있는 브루클린 공공도서관이다. 아동도서관과 비즈니스도서관 등을 포함해 브루클린 내에 총 58개의 지점이 있다. 대다수의 사람이 브루클린 공공도서관으로 알고 있는 것은 중앙도서관이다. 58개의 지점 도서관들은 브루클린 주민이 살고 있는 집에서 800미터 안에서 찾을 수 있도록 계획되었다. 500만 여권의 장서와 1,000대가 넘는 컴퓨터를 소장하고 있다. 브루클린 지역 주민에게 도서관으로서의 역할은 물론이고 정보센터, 사회교육센터로서의 역할을 한다. 미국 내 도서관 중에서 가장 많은 문화 활동 프로그램을 가지고 있는 것으로 유명하며 미국 거주자라면 휴대전화 영수증만 있어도 회원으로 가입해 도서관을 자유로이 이용할 수 있지만, 관광객의 경우 도서관 이용이 거의 불가능하다.

하지만 구경만해도 천장에 닿을 듯 높은 책장 사이사이, 칸칸이 가득 꽂힌 책이 주는 감동을 느낄 수 있다.

Brooklyn Public Library
브루클린 공공도서관

information

Brooklyn Public Library
브루클린 공공도서관
10 Grand Army Plaza / 718-230-2100
B/T Eastern Parkway & Flatbush Ave. in Prospect Heights
2, 3 Train / Eastern Parkway-Brooklyn Museum
월~목 09:00~21:00 / 금~토 09:00~18:00
일 13:00~17:00 (중앙도서관 기준)
Brooklynlibrary.org
입장료 무료
MAP p. 249-31

Brooklyn Art Library
브루클린 아트 라이브러리

누구나 책장을 채울 수 있는
예술도서관

　내가 그린 그림책이 꽂혀 있는 도서관에 간다면 어떤 느낌일까? 그 자리에서 바로 스케치북과 펜을 사고, 그림을 그려 책장에 꽂아 넣을 수 있는 곳이 있다. 일명 스케치북 프로젝트를 펼치고 있는 브루클린 아트 갤러리. 이미 많은 지역 예술가와 방문객이 참여한 스케치북이 꽂혀 있다. 작가로 등록하고 스케치북을 구입, 그림을 그려 주어진 기간 내에 제출하면 여러 지역을 돌며 순회 전회 전시를 하고, 이곳으로 돌아와 책장에 꽂히게 되는 시스템이다. 누구든 작가로 등록할 수 있고, 꽂혀 있는 스케치북을 보기 위해서는 사전에 회원 등록을 하고 원하는 카테고리를 골라야 한다. 2006년 애틀랜타에서 시작된 이 프로젝트는 2009년 뉴욕의 브루클린 아트 라이브러리로 자리를 잡았다. 이미 70,000명 이상의 아티스트가 참여했고 135개국의 나라에서 스케치북이 전시된다. 브루클린에 머무는 동안 스케치북을 채워 브루클린 아트 갤러리에 내 그림책 한 권 꽂아두고 오는 건 어떨까?

information
Brooklyn Art Library
브루클린 아트 라이브러리
103A N 3rd St. / (718) 388-7941
B/T Berry St. and Wythe Ave. in Williamsburg
L Train / Bedford Ave.
월~일 11:00~19:00
brooklynartlibrary.com
$$ / MAP p. 245-44

NEW YORK | THINK
LIST

캣랜드
Catland

마법과 주술, 철학과 점성술에 관련된 서적을 파는 곳

987 Flushing Ave. / (718) 418-9393
월~목 12:00~21:00 / 금 12:00~22:00
토 11:00~20:00 / 일 11:00~20:00
catlandbooks.com
$ / MAP p. 247-11

버겐 스트리트 코믹스
Bergen Street Comics

만화 전문 판매점, 작가가 읽어주는 만화책 이벤트

470 Bergen St. / (718) 230-5600
월~토 12:00~21:00 / 일 12:00~19:00
bergenstreetcomics.com
$ / MAP p. 249-23

브루클린 브리지 파크
Brooklyn Bridge Park

밤낮으로 아름다운 경치, 브루클린 브리지
회전목마를 꼭 타보자
Pier 1 / (718) 222-9939
ebrooklynbridgeparknyc.org

브루클린 하이츠 프로메나드
Brooklyn Heights Promenade

해지는 맨해튼 경치의 강가를 따라 산책 브루클린 하이츠 프로메나드

Columbia Heights(B/T Orange St. & Pineapple St.)
nyharborparks.org/visit/brhe.html

노스 브루클린 팜
North Brooklyn Farms

신개념 도시농장, 자원봉사, 일요 레스토랑
이스트 리버의 일몰과 함께 하는 저녁 식사
329 Kent Ave.
농장 분양과 일요 저녁식사는 홈페이지 예약 (겨울에는 닫음)
northbrooklynfarms.com
$ / MAP p. 249-1

브루클린 히스토리컬 소사이어티
Brooklyn Historical Society

브루클린의 역사와 문화 예술을 한 눈에
박물관, 도서관, 아트갤러리
128 Pierrepont St. / (718) 222-4111
월~화 휴관 / 수~일 12:00~17:00
brooklynhistory.org
권장입장료 성인 $10 아동과 학생 무료

북 써그 네이션
Book Thug Nation

온 몸으로 즐기는 책, 저자 간담회, 영화 상영 등
다양한 이벤트로 책을 즐기는 헌책방
100 N 3rd St.
월~일 12:00~21:00
bookthugnation.com
$

(행사 일정은 홈페이지에서 확인!)

선셋 파크
Sunset Park

사시사철 브루클린의 일몰을 볼 수 있는 곳
6th Ave. and 44th St. / (718) 439-7429
www.nycgovparks.org/parks/sunset-park

더 커뮤니티 북스토어
The Community Bookstore

켜켜이 쌓인 헌책 사이에 앉아 나만의 보물 책 찾기
212 Court St. / (718) 834-9494
월~일 15:00~23:00
$

예스터데이스 뉴스
Yesterday's News

지난 날들의 모든 것, 골동 서적
428 Court St. / (718) 875-0546
월 휴관 / 화~금 10:30~18:30
토 10:30~17:30 / 일 10:30~18:00
yesterdaysnews.biz
$ / MAP p. 253-1

일상을 바꾸는 가장 달콤한 방법

SLEEP

잠자기

　여행에서 경제적으로나 시간적으로나 가장 많은 부분을 차지하는 것 중 하나가 숙박이다. 어디서 머무를까에 대한 고민은 여행 스타일을 결정하는 중요한 요소이기 때문이다. 번잡한 일상에서 멀어지고 싶다면 도심에서 멀수록 좋고, 한국에서는 미처 보지 못한, 경험하지 못한 것을 쉽게 접하고 싶다면 이동이 편리한 곳에 숙소를 정하는 것이 좋다. 여행지의 일상이 궁금하다면 에어비앤비를 선택하는 것도 좋은 방법이다. 숙소를 결정하는 요소는 수없이 많지만, 이 대목에서 고민하게 된다. 가장 브루클린다운 숙소는 어디일까? 호텔? 게스트하우스? 아니면 세계적 추세인 에어비앤비? 후회하지 않을 브루클린의 추천 숙소는 다음과 같다.

HOTEL

The Box House Hotel
더 박스 하우스 호텔
브루클린의 어제와 오늘

공업지역의 로프트를 고쳐 만든 호텔이라고는 믿기지 않을 정도로 우아한 호텔이다. 붉은색 벽돌과 어울리는 굵고 단단한 나무의 조화, 현대적인 구조를 메우는 앤티크 가구와 스테인드글라스의 빈티지함이 예술적이라고 밖에는 설명할 길이 없다. 그린포인트의 끝자락에 있어 맨해튼의 미드타운이 보이는 조망도 특별하다. 공업지대였던 브루클린의 역사, 향수 짙은 빈티지함이 브루클린의 하룻밤을 더욱 실감 나게 할 것이다.

information

The Box House Hotel
더 박스 하우스 호텔
77 Box St. / (718) 383-3800
B/T Manhattan Ave. & Mc Guinness Blvd
7, 7X Train / Vernon Blvd. – Jackson Ave.
theboxhousehotel.com
$$

HOTEL

Mc Carren Hotel
맥캐런 호텔

도시형 휴양을 위한 호텔

브루클린과 맨해튼을 조망하는 전망 하나만으로도 후한 점수를 주게 되는 호텔이다. 맥캐런 호텔은 문을 열자마자 수영장과 풀사이드 바로 관심을 한몸에 받았다. 호텔에 숙박하는 고객이 아니어도 아름다운 전망 속에서 수영을 즐길 수 있다. 주중에는 오전 11시부터 오후 4시 30분까지 $45, 주말에는 $55다. 저녁 시간 수영장 이용료는 별도로 $30! 한가롭게 분위기를 내고 싶다면 주중 저녁 시간에 일몰과 함께 수영을 즐기는 것이 적당하다. 호텔 내 레스토랑 The Elm은 미슐랭 가이드에 이름을 올린 셰프가 일하고 있다. 도시에서 즐기는 휴양이란 도시를 바라볼 수 있는 수영장에서 일상을 마무리하면서 맛있는 음식을 즐기는 것 아닐까? 도시 라이프스타일 호텔을 지향하는 맥캐런 호텔은 여행자와 함께 이 지역의 많은 트랜드세터와 셀레브리티가 나이트 라이프를 즐기는 곳으로도 유명하다.

---

information

Mc Carren Hotel
맥캐런 호텔
160 N 12th St. / (718) 218-7500
B/T Berry St. & Bedford Ave. in Williamsburg
L Train / Bedford Ave.
mccarren-hotel-brooklyn.h-rzn.com
$$$ / MAP p. 245-34

HOTEL

브루클린의 예술혼을 담은 갤러리

로프트의 안이 어떨 것이라고 전혀 상상할 수 없는 부티크 호텔이다. 브루클린 지역의 예술가와 함께 독립컬렉션을 운영하면서 지역 예술가의 작품으로 호텔을 꾸몄다. 호텔이 일종의 갤러리인 셈이다. 예술문화지구 브루클린으로서의 자부심과 여행자에게 예술혼 가득한 브루클린의 면모를 느끼게 하겠다는 의도다. 로비부터 시작되는 전시는 호텔 곳곳에서 이루어진다. 부티크 호텔이란 바로 이런 것이다! 브루클린에서 운행하는 거의 모든 노선의 지하철이 거쳐 가는 바클레이 역과 가까워 다른 곳으로의 이동이 쉬울 뿐만 아니라 걸어갈 수 있는 거리에 브루클린 박물관, 보태니컬 가든, 브루클린 공공도서관 등이 있다. 위치도 편리하고 호텔 자체도 아름다우며, 섬세한 서비스로 고객 만족도가 높다.

Nu Hotel
누 호텔

information

Nu Hotel
누 호텔
85 Smith St. / (718) 852-8585
B/T Atlantic Ave. & St.ate St. in Brooklyn Heights
A ,C, G Train / Hoyt – Schermerhorn St.
nuhotelbrooklyn.com
$$ / MAP p. 253-18

HOTEL

Habitat 101
해비태트 101

장기 여행자를 위한 로프트 아파트

뉴욕을 장기간 찾는 이방인에게 적합한 숙소이다. 내 집처럼 편안하게 가구와 주방, 식기를 모두 이용할 수 있는 단기 임대 아파트라는 편이 더 정확한 표현이다. 그린포인트의 공장 건물을 고쳐 만든 이 호텔의 내부는 빈티지와 DIY 가구로 꾸며져 있다. 공장지대였던 브루클린의 그린포인트와 부시웍 등에서 공장 건물의 외관을 허물지 않고 그대로 주거공간으로 고쳐 사용하는 집을 로프트 아파트먼트라고 한다. 공장을 고쳐 자신만의 공간으로 만들어 사는 브루클린 예술가의 일상을 경험하는 기회가 될 것이다.

information

Habitat 101
해비태트 101
101 Sutton St. / (718) 349 – 2200
B/T Norman Ave. & Nassau Ave. in Green Point
G Train / Nassau Ave.
habitat101brooklyn.com
$$ | MAP p. 245-15

Hotel BPM
호텔 비피엠

음악의 빠르기를 표시하는 BPM(Beats Per Minim)이라는 이름의 호텔로 음악을 빼놓고 말할 수 없는 브루클린답다. 수많은 인디밴드와 레이블, 세계적으로 유명한 뮤지션의 요람인 브루클린의 음악 정신을 담은 호텔이다. 뮤직 라이프를 모티브로 만들어진 호텔로 다양한 공연 이벤트를 여는 것이 특징이다. 보고 듣는 것뿐만 아니라 DJ를 초빙해 호텔 투숙객을 대상으로 디제잉 레슨을 하기도 한다. D, N, R 라인의 메트로가 지나는 곳에 있어 맨해튼과 브루클린을 오가거나, 코니아일랜드를 가기에도 편리하다. 지역 인디밴드와 DJ의 음악을 들을 기회를 쉽게 접하고 싶다면 이곳이 제격이다.

information

Hotel BPM
호텔 비피엠
139 33rd St.
(718) 305–4182
B/T 4th Ave. & 3rd Ave.
in Sunset Park
D, N, R Train / 36 St.
hotelbpmbrooklyn.com

HOTEL

Wythe Hotel
위스 호텔

— 위스 호텔의 큰 호텔 사인은 멀리서도 눈에 띈다.

— 윌리엄스버그는 물론 맨해튼까지 조망할 수 있는 객실은 언제나 인기 만점

윌리엄스버그의 랜드마크

윌리엄스버그의 끝자락 랜드마크처럼 우뚝 서 있는 위스 호텔에 대한 평가는 엇갈린다. 1901년 윌리엄스버그 하버 프런트에 자리 잡았던 섬유 공장이었던 건물을 매입하여 붉은색 벽돌과 나무 천장을 그대로 살려 재건축하여 2012년 문을 연 신생 호텔이다. 그러나 서비스 의식 부족으로 각종 불평 불만이 줄을 잇는다. 특히 호텔 투숙객 외에 여행자에게 불친절한 것으로 악명이 높다. 바와 라운지, 수영장을 일반인에게 공개하는데 투숙객과 일반 방문객을 대하는 태도가 불쾌할 정도로 차이를 보이기 때문이다. 하지만 윌리엄스버그와 브루클린 일대를 전망할 수 있는 조망, 전망을 해치지 않도록 한쪽 벽 전체는 무조건 통유리로 마감한 디자인, 감각적인 실내 인테리어는 감동이다. 문을 연 이래 독특하고 감각적인 내부와 킹콩의 한 장면을 연상시키는 전망 때문에 수많은 여행 관련 잡지에 소개되었다.

information
-
Wythe Hotel
위스 호텔
80 Wythe Ave. / (718) 460-8000
B/T 12th St. & 11th St. in Williamsburg
L Train / Bedford Ave.
wythehotel.com
$$$ / MAP p. 245-30

HOTEL

Hotel Indigo
호텔 인디고

적당한 가격, 적절한 위치, 작지만 세련된 스타일의 실내를 갖춘 호텔 인디고. 미국 전역에 퍼져 있는 체인 호텔 중 하나로 숙련된 서비스를 제공하는 곳이다. 저렴한 가격만큼 내부는 좁은 편이다. 질 좋은 편의용품과 캡슐 에스프레소 기계 등이 비치되어 있다. 호이트 스트리트 인근으로 각종 쇼핑센터와 두 개 라인의 지하철역이 인근에 있어 여러 가지로 편리하다. 일본 비즈니스호텔만큼 좁지만, 그만큼 답답하게 느껴지지 않는 건 커다란 창과 디자인 소품으로 내부를 장식하고 있기 때문이다.

information
-
Hotel Indigo
호텔 인디고
229 Duffield St. / (718) 254-7800
B/T Willoughby St. & Fulton St.
in Downtown Brooklyn
Transit information 2 3 Hoyt St. and 2 more stations
hotelindigo.com
$$ / MAP p. 249-14

Aloft New York Brooklyn Hotel
어로프트 뉴욕 브루클린 호텔

information
-
Aloft New York Brooklyn Hotel
어로프트 뉴욕 브루클린 호텔
216 Duffield St. / (718) 256-3833
B/T Willoughby St. & Fulton St. in Downtown Brooklyn
2, 3 Train / Hoyt St.
N, R Train / Jay St.
aloftnewyorkbrooklyn.com
MAP p. 249-12

감각적인 인테리어와 서비스 마인드

어로프트 뉴욕 브루클린 호텔을 찾는 사람들의 평가는 한결같다. 친절하고 섬세한 서비스 정신을 가진 직원에 대한 칭찬을 아끼지 않는다. 2011년에 오픈해 시설 상태가 좋고, 3성급 호텔이면서도 수영장을 갖추고 있는 점, 뛰어난 색감과 센스로 디자인된 내부가 높은 평가의 원인이다. 브루클린 브리지와 가깝고, 덤보와도 멀지 않다. 4개의 지하철 노선이 지나는 곳에 있어 브루클린이나 맨해튼으로 이동하기 좋다.

AIRBNB

Sunny Loft 15 min. to Union Square

브루클린의 프리랜서 아티스트의 일상에 동참할 기회를 찾고 있다면 릴리야와 미카엘의 집으로 가자. 보그아트 56과 같은 갤러리, 빈티지 프렌드 (의류 가게), 유기농 식료품점과 브릭 오븐 피자를 파는 로제타 피자까지 그야말로 요즘 브루클린에서 빠르게 성장하고 있는 지역 중 하나인 모르간 (Morgan) 역 근처의 로프트 하우스다. 집 전체가 아닌 룸을 빌리는 형태로 너무 사랑하는 커플은 사절이라고 한다. 브루클린의 젊은 예술가는 공장 건물의 제일 위층을 스스로 고쳐 주거 공간과 작업 공간으로 만드는 예가 많은데 그 현장을 직접 보고 느낄 수 있다.

information
-
Sunny Loft 15 min. to Union Square
Morgan St. / in Bushwick
로프트 / 독방, 거실 및 화장실 공동 사용
www.airbnb.co.kr/rooms/277889

윌리엄스버그에서 부시윅으로 넘어가는 중간지역 이스트 윌리엄스버그는 지금 가장 핫한 동네다. 제시카의 집, 로프트 아파트는 바로 이스트 윌리엄스버그에 있다. 조금만 걸어가면 L 트레인의 몬트로세 (Montrose) 역에서 가깝고, 커피와 바, 세탁소, 식료품점이 가까이에 있다. 맨해튼 유니온스퀘어까지 딱 15분, 윌리엄스버그까지는 딱 절반 정도의 시간이면 충분하다. 이 집의 장점은 뭐라 해도 친절하고 사람 좋은 제시카이다. 쌀쌀맞은 뉴요커에게서는 느낄 수 없는 브루클린 주민의 친절함에 푹 빠져 보시라. 단 창문이 천장에만 달린 게 단점이다.

Huge Brooklyn Loft with Roofdeck

information
-
Huge Brooklyn Loft with Roofdeck
Montrosest / in East. Williamsburg
아파트, 전체
www.airbnb.co.kr/rooms/336756

AIRBNB

Gorgeous #1, Garden, Best Location

파크 슬로프는 미국에서 가장 살기 좋은 동네 베스트 5위 안에 들 만큼 치안이 좋고 편의시설이 잘 갖추어진 지역이다. 더불어 역사지구로 지정되어 있어 역사적으로 유서 깊은 건물이 줄을 잇는다. 고저스 샵 원은 그 역사지구에 있는 집으로 부유한 브루클린 주민이 어떤 집에서 사는지 경험해 볼 수 있다. 주인이 한집에 살며 집안 곳곳과 게스트를 관리한다. 두 마리의 고양이도 함께 지내야 하므로 고양이 알레르기가 있는 사람은 예약을 피하는 것이 좋다. 렌트는 각 방별로 가능하며 정원이 있는 층은 전체를 렌트할 수 있다. 가격은 $94부터 시작이며 단 바느질, 정원 가꾸기, 집수리가 가능하면 숙박비를 할인해준다.

information
-
Gorgeous #1, Garden, Best Location
In Park Slope
단독주택 / 독방, 전체
www.airbnb.com.sg/rooms/5803

Nutty Brooklyn with master room

아프리카 남자의 감성은 이런 것이라고 보여주는 것 같다. 1년 전 뉴욕의 유명 건축디자이너 헨리 미셸이 개조하면서 브라운 스톤과 터키쉬 러그, 대리석 타일 등으로 모로칸 느낌을 살렸다. 포트 그린 파크 근처로 뉴욕 최초의 아프리카 레스토랑 마디바를 찾는다면 더욱 완벽한 경험이 될 것이다. 포트 그린에서 머문다면 주말에 열리는 그린마켓과 프리마켓을 둘러보기 좋고 맨해튼이나 브루클린 중심부로 이동하기도 편리하다. 개인 화장실이 딸려 있는 방을 빌리는 형태의 곳이다.

information
-
Nutty Brooklyn with master room
In Fort Greene
단독주택 / 독방(개인 욕실)
www.airbnb.co.kr/rooms/48725

AIRBNB

Cozy apartment in a good neighborhood

숙박 가능 인원이 5인이고 주방을 사용할 수 있어 가족단위 여행자에게 추천할만한 숙소이다. 집 전체를 빌리는데 드는 비용은 1박당 $160정도다. 프로스펙트 파크 근처에 있어 밤낮으로 공원 산책을 하거나 역사지구를 둘러보기도 좋은 위치다. 집 안 내부는 조각과 그림 등 많은 예술 작품이 실내를 꾸미고 있다. 영화 한 장면에 들어선 느낌을 받을 수 있다. Q 라인 지하철이 인근에 있어 맨해튼으로 나가기 편하고 남쪽으로는 코니아일랜드로 바로 연결된다. 공원과 바다를 일정에 넣어 동선을 짜보자.

information
-
Cozy apartment in a good neighborhood
In Prospect Height
단독주택 / 집 전체
www.airbnb.co.kr/rooms/14539

Hipster's house in Bushwick

에어비앤비에서 브루클린 숙소를 찾을 때 저렴한 숙소를 원한다면 부시윅을 고르고 방을 빌리는 형태로 결정할 것! 가족 여행자가 아닌 나홀로 여행자인 경우 더욱 그렇다. 아시아계 예술가인 집주인 Miao는 3층 건물에 각 층별로 하나씩의 게스트룸을 빌려준다. 무료 와이파이, 프린트 서비스, 에스프레소 기계 등 젊은 사람이 좋아하고 필요로 하는 것을 제공하고 있다. 바와 레스토랑이 밀집한 제퍼슨 스트리트와는 조금 떨어져 있어 아늑한 밤 시간을 보낼 수 있는 것도 장점이다. 각종 편의시설과 부시윅의 젊은 작가의 작품을 공유하는 데 드는 비용은 하룻밤에 $70정도다 (청소비 제외).

information
Hipster's house in Bushwick
In Bushwick
단독주택 / 독방(거실 및 화장실 공동 사용)
www.airbnb.co.kr/rooms/2061725

NEW YORK | SLEEP
LIST

SLEEP LIST

호텔 르 졸리
Hotel Le Jolie

윌리엄스버그를 즐기기 좋은 호텔
235 Meeker Ave. / (718) 625-2100
hotellejolie.com
$$$ / MAP p. 245-72

더 소피아 인
The Sofia Inn

앤티크 스타일로 꾸민 곳
288 Park Place / (917) 865-7428
brooklynbedandbreakfast.net
$$ / MAP p. 249-34

호텔 르 블뢰
hotel le bleu

푸른색을 기본으로 하는 멋진 호텔
370 4th Ave. / (718) 625-1500
hotellebleu.com
$$ / MAP p. 253-25

그린포인드 롯지
Greenpoint Lodge

내 집처럼 머무를 수 있는 풀 렌트 게스트하우스
95 Norman Ave. / (347) 756-5226
greenpointlodge.com
$$$ / MAP p. 245-12

쉐라톤 브루클린 뉴욕 호텔
Sheraton Brooklyn New York Hotel

맨해튼보다 저렴한 이스트 리버가 보이는 4성급 호텔
228 Duffield St. / (718) 855-1900
sheratonbrooklyn.com
$$ / MAP p. 249-13

엣 홈 인 브루클린
At Home in Brooklyn

프로스펙트 파크를 매일 산책할 수 있는 에어비앤비
15 Prospect Park W / (718) 622-5292
athomeinbrooklyn.com
$

뉴욕 무어 호스텔
NY Moore Hostel

조금 비싸지만, 위치와 상태 모두 좋은 호스텔
179 Moore St. / (347) 227-8634
nymoorehostel.com
$ / MAP p. 247-7

비 호텔 & 호스텔
B Hotel & Hostel

붉은 색 벽돌 공장건물을 개조한 호스텔
341 Broadway / (718) 486-0004
$

브루클린 하우즈
Brooklyn Houze

저렴한 숙박비와 편의시설을 잘 갖춘 새로운 호스텔
101 Jefferson Ave. / (080) 675-0881
$

travel
NEW YORK

EVENTS ON NEW YORK

FLICfest
(Feature Length Independent Choreography)
에프아이씨 페스트 (댄스 축제)

1월

포트 그린 일대
댄서 자신의 감성, 작품에 방점을 둔 작품들로 좀 더 창작 지향적인 댄스를 보여주는 축제다.
flicfest.org

NEW YORK CITY BEER WEEK
뉴욕 시티 비어 위크

2월

브루클린은 물론이고 뉴욕 주 5개 구의 브루어리가 만드는 축제다. 축제 동안 뉴욕 곳곳에서 즐길 수 있다. 다양한 맛과 멋의 수제 맥주에 대한 관심과 사랑이 점점 높아가는 요즘 뉴욕의 가장 핫한 축제 중 하나로 부상 중이다. 참여 업체와 행사 일정은 웹사이트에서 확인할 수 있다.
newyorkcitybrewersguild.com

Coffee and Tea Festival
커피 앤 티 페스티벌

3월

Brooklyn Expo Center
국내외의 60여 개 업체가 참가하고 100여 개의 커피와 차 맛을 볼 수 있는 행사다. 지난 2014년에는 8,000명 이상이 찾았고, 입장권이 매진될 정도로 인기가 좋았다. 입장권은 온라인에서 사전 판매한다.
coffeeandteafestival.com

Cherry Blossom Festival
벚꽃 축제

4월

브루클린 보태닉 가든
매해 봄이 되면 브루클린 보태닉 가든의 벚나무 220여 그루가 만개한다. 이때 아름다운 풍경을 만끽할 수 있는 축제가 열리며 '사쿠라 마쯔리'로도 알려졌다. 축제 동안 방문객은 J팝 콘서트, 전통 일본 가무, 일본 전통 음악 태고 드럼, 다도회 등 일본 문화 관련 다양한 축제를 즐길 수 있다.
bbg.org

Brooklyn Zine Festival
브루클린 진 페스티벌

4월

소규모, 독립출판사의 잡지들이 모여 여는 축제로 브랜드, 메이저 잡지에서는 볼 수 없는 신선한 발상을 만날 수 있다. 축제는 이틀간 진행된다. 뉴욕에서 활동하는 150여 명의 작가와 예술가가 참가한다. $1에서 $10 사이의 저렴한 가격으로 독립출판 잡지를 구매할 수 있다.
brooklynzinefest.com

Brooklyn Folk Festival
브루클린 포크 페스티벌

4월

St. Ann's Church
브루클린 지역 일대의 포크 뮤지션들이 만든 페스티벌로 벌써 7년째를 맞이한다. 1960년 세대의 뉴욕 포크 뮤직이 되살아나는 축제다.
brooklynfolkfest.com

BROOKLYN FILM FESTIVAL
브루클린 필름 페스티벌

5월

브루클린 일대
여러 나라의 국제적인 사회문제에 관심을 가진 독립영화가 경쟁하는 국제 인디필름 페스티벌의 하나다. 브루클린이 영화의 중심지로 거듭나기 위한 노력의 일환으로 독립영화의 가치와 노력을 알리는데 그 목적이 있다. 새로운 시각에서 사회를 바라보는 독립영화 감독의 신선한 시선을 만날 수 있는 자리다.
brooklynfilmfestival.org

Celebrate Brooklyn!
셀레브레이트 브루클린!

6월 (8월까지 진행)

셀레브레이트 브루클린은 30년간 이어진 무료 음악, 춤, 연극, 영상 프로젝트 관련 축제다. 뉴욕 시에서 가장 오래된 야외 예술 축제 중 하나이며, 그룹 '데이 마이트 비 자이언츠'나 '마세오 파커'도 초청한 바 있다. 축제 동안 무성영화나 애니메이션에 배경음악을 라이브로 연주하는 무대도 하나의 관람 포인트다.
bricartsmedia.org

travel
NEW YORK

Bushwick Block Party
부시윅 블록 파티

6월

부시윅 일대
밴드와 스트리트 아티스트의 연주와 퍼포먼스를 볼 수 있다. 부시윅 지역 일대의 길거리에서 펼쳐지는 이벤트로 활동적이고 에너지 넘치는 축제다. 비어 텐트와 푸드 트럭들이 들어서 먹는 재미도 좋다.
facebook.com/bushwickblockparty

Red Hook Festival
레드 훅 페스티벌

6월

브루클린의 젊은 퍼포먼스들이 모여 벌이는 축제다. 바비큐 파티와 댄스파티가 열리며 메인 무대에서는 각종 댄스, 퍼포먼스 공연이 이어진다.
dancetheatreetcetera.org/red-hook-fest

Hip-Hop Festival
브루클린 힙합 페스티벌

6월

Brooklyn locations
단순한 음악 장르로서 힙합이 아닌 힙합 정신을 공유하는 축제이다. 힙합 음악은 물론, 즉석 토론, 전시, 파티, 각종 시상식 등이 열린다. 가족단위의 방문객도 함께 할 수 있도록 가족 구역을 만들어 운영한다.
bkhiphopfestival.com

Nathan's Famous Fourth of July Hot Dog Eating Contest
네이탄스 페이머스 7월 4일 핫도그 대회

7월

코니아일랜드
선별된 참가자들이 10분 동안 쉴 새 없이 핫도그만 먹는 유명한 대회. 케첩, 머스터드를 찍거나 감자튀김조차 곁들일 틈이 없을 만큼 불붙는 이 핫도그 대회는 1916년부터 전통이 이어진다.
nathansfamous.com

Brooklyn Bridge Swim
브루클린 브리지 스윔

7월

브루클린 브리지
브루클린에서 맨해튼까지 5마일에 이르는 거리를 횡단하는 수영 축제다. 아마추어 경기지만 상금도 있다. 수영 자체보다는 이스트 리버를 가로 지른다는 데 의미가 있다. 평소엔 구경할 수 없는 이스트 리버를 수영하는 많은 사람을 볼 수 있는 유일한 날이기도 하다.
nycswim.org/Event/Event.aspx?Event_ID=2407

Animation Festival
애니메이션 페스티벌

7월

Rooftop Films & BAMcinématek
독립만화 제작자들의 상상력 넘치는 작품이 상영된다. 전문가부터 학생까지 참여할 수 있다는 것도 특징. 상영뿐 아니라 삽화 전시도 함께 진행된다.
animationblock.com

Afropunk Festival
아프로펑크 페스티벌

8월

다양한 문화행사가 열리는 소규모 지역 페스티벌로 예술 공연, 수공예 시장, 푸드 트럭 등을 즐길 수 있다.

BROOKLYN BEER & WINE FEST
브루클린 비어 앤 와인 페스트

8월

레스토래이션 플라자
술과 와인 그리고 춤이 있는 흥겨운 파티. 지역 수제 맥주와 와인을 맛볼 수 있는 파티로 인기가 많다. 미리미리 예약할 것!
tapcorknyc.com/festival

Atlantic Antic Festival
애틀랜틱 앤틱 페스티벌

9월

Atlantic Ave. Brooklyn
애틀랜틱 앤틱 페스티벌은 뉴욕 시에서 가장 큰 세계 푸드 페스티벌 중 하나이다. 길거리에 펼쳐진 맛있는 음식과 함께 음악 무대도 열린다. 컨트리, 재즈, 록, R&B 등을 들을 수 있으며 어린이를 위한 말 타기 등의 행사도 진행한다.
atlanticave.org

BAM Next WAVE Festival
BAM 넥스트 웨이브 페스티벌

9월 (11월까지 진행)

BAM
언제나 새로운 것이 가득한 브루클린에서 열리는 'BAM 넥스트 웨이브 페스티벌'은 창조적인 춤, 연극, 영화와 문학 등 전 세계 작품을 소개하는 자리다. 과거에는 하이너 뮐러의 Quartett, 필립 글래스의 오페라 Kepler와 디제이 스푸키의 Terra Nova: Sinfonia Antarctica 등을 소개하기도 했다.
bam.org

Brooklyn Book Festival
브루클린 북 페스티벌

9월

책으로 할 수 있는 모든 즐거움이 여기 있다. 현장 구매는 물론 국내외 저자와의 만남, 즉석 토론 등 볼거리가 많다. 한 날, 한 자리에서 수많은 책과 수많은 저자와 만날 수 있는 자리이기도 하다. 단 하루만 열리는 것이 아쉬울 만큼 알차다.

brooklynbookfestival.org

Dumbo Art Festival
덤보 아트 페스티벌

10월

Dumbo & Brooklyn bridge park

덤보 지역 일대, 브루클린에서 활동하는 400여 명의 아티스트, 100여 개의 스튜디오와 500여 개의 갤러리가 참가하고 100여 개의 프로그램 파트너가 모여 3일간 아트 축제를 벌인다.

dumboartsfestival.com

Brooklyn Pour Craft beer Festival
브루클린 푸어 크래프트 비어 페스티벌

9월

100개의 수제 맥주가 모이는 축제. 브루클린 지역 맥주는 물론 크고 작은 브루어리의 수많은 수제 맥주를 마음껏 마실 수 있다.

microapp.villagevoice.com/brooklyn-pour/

Cartoon & comics festival
카툰 앤 코믹스 페스티벌

11월

브루클린과 맨해튼에서 활동하고 있는 유명 만화 작가를 직접 만날 수 있다. 1000여 명의 작품을 무료 전시한다. 브루클린의 유명 화방과 일러스트, 코믹 가게가 참여해 가게를 둘러보는 재미도 쏠쏠하다.

comicartsbrooklyn.com

Bus Festival
버스 페스티벌

9월

New York Transit Museum

뉴욕을 달렸던 빈티지 버스를 전시하고, 당시 버스 기사가 입었던 복장을 한 사람들이 축제 분위기를 살린다. 뉴욕의 과거를 만나는 또 하나의 방법이다.
박물관 입장과는 별도로 전시장은 무료로 운영한다.

nytransitmuseum.tumblr.com

New Year's Eve - fireworks
뉴 이어스 이브 파이어웍스

12월

Brooklyn Bridge & Grand Amy plaza

새해 전야, 쇼와 핫 초콜릿으로 몸을 녹이며 다음 해를 기다려보자. 브루클린 브리지와 그랑아미 플라자에서 불꽃놀이를 한다. 새해 전날 꼭 타임스퀘어를 가야 하는 건 아니잖아?

자료 지원: 뉴욕관광청(NYC & Company)
공식 사이트: www.nycgo.com

travel
NEW YORK

TRUE NEW YORK
MAP

Map no.1 | BROOKLYN NORH MAP
WILLIAMSBURG
GREENPOINT
BUSH WICK

1. milk & roses — p42
2. Bakeri — p45
3. Yes Gallery — p136
4. Owen James Gallery — p136
5. The Bounty — p87
6. Karczma — p70
7. Fornino-Greenpoint — p86
8. Word Brooklyn — p220
9. Cookie Road — p58
10. Silk Road Cycles — p165
11. Lobster Joint — p86
12. Greenpoint Lodge — p239
13. Krolewskie Jadlo — p70
14. Crepeteria — p49
15. Habitat 101 — p233
16. Slamat Pagi — p87
17. Dirck the Norseman — p118
18. cup — p118
19. Co-op 87 — p143
20. Spritzenhaus33 — p109
21. Five Leaves — p85
22. Nights and Weekend — p116
23. Loren — p173
24. TØRST — p108
25. Park Luncheonette — p72
26. Greenpoint Fish & Lobster Co. — p86
27. Variety — p118
28. Brooklyn Bowl — p148
29. Brooklyn Brewery — p104
30. Wythe Hotel — p234
31. Kinfolk 90 — p95
32. Rough Trade NYC — p140
33. Smorgasburg At Brooklyn Flea Food Market — p.36
34. Mc Carren Hotel — p231
35. Cafe Colette — p85
36. Artists and Fleas Market — p203
37. Shelter — p77
38. Music Hall of Williamsburg — p147
39. House of Small Wonder — p44
40. Urban outfitters — p196
41. Blue Bottle Coffee — p99
42. Mast Brothers Chocolate — p54
43. Radegast Hall & Biergarten — p110
44. Brooklyn Art Library — p226
45. egg — p85
46. Allegra Boutique — p202
47. Nitehawk Cinema — p132
48. Art 101 — p136
49. Northside Bakery — p86
50. Toby's Estate Coffee — p100
51. The Bell House — p151
52. Baoburg — p85
53. soap cherie — p203
54. Two Door Tavern — p118
55. Pierogi — p123
56. Tea Bar — p103
57. Brooklyn Charm — p202
58. Junk — p190
59. Brooklyn Winery — p112
60. Northside Pharmacy — p201
61. Acqua Santa — p64
62. Figureworks — p136
63. Jimmys Diner — p85
64. Pink Olive — p198
65. Muchmore's — p151
66. Shag — p197
67. Knitting factory — p146
68. Petes Candy Store — p151
69. reunion cafe — p86
70. Night of Joy — p119
71. OSLO COFFEE ROASTERS — p118
72. Hotel Le Jolie — p239
73. Beer Boutique — p118
74. 10ft single by Stella Dallas — p188
75. Ringolevio — p86
76. The Blue Stove — p118
77. Cow & Clove — p85
78. Black Brick Coffee — p94
79. Dumont — p85
80. Rabbithole — p86
81. Williamsburg Cinema — p135
82. Sideshow — p125
83. Bistro Petit — p85
84. Brisket Town — p87
85. Fuego 718 — p195
86. Pies-n-Thighs — p86
87. Re POP — p192
88. Gitana Rosa — p127
89. Fette Sau — p86
90. Front Room Gallery — p136
91. Skinny skinny — p177
92. Caracas Arepa Bar — p86
93. Cotton Candy Machine — p124
94. Bozu — p118
95. Saltie — p85
96. The City Reliquary — p136
97. St. Mazie — p151
98. Marlow & Sons — p87
99. Williamsburg Art & Historical Center — p136
100. Baby's All Right — p147
101. Cafe Mogador — p66
102. Fool's Gold Record — p144
103. Crest True Value Hardware & Urban Garden Center — p200
104. Desert Island — p216
105. Blind barber — p101
106. Okonomi — p71
107. Campbell Cheese & Grocery — p80
108. The Meat Hook Sandwich Shop — p51
109. Grand Street Bakery — p186
110. Mountain Province — p118
111. Nam Nam — p87
112. AWOL Eatery — p87
113. Signal — p128
114. tutu's — p46
115. 56 BogArt — p122
116. El Almancen — p85
117. Harefield Road — p85
118. Eagle Trading — p87
119. Monsignor McGolrick Park — p212

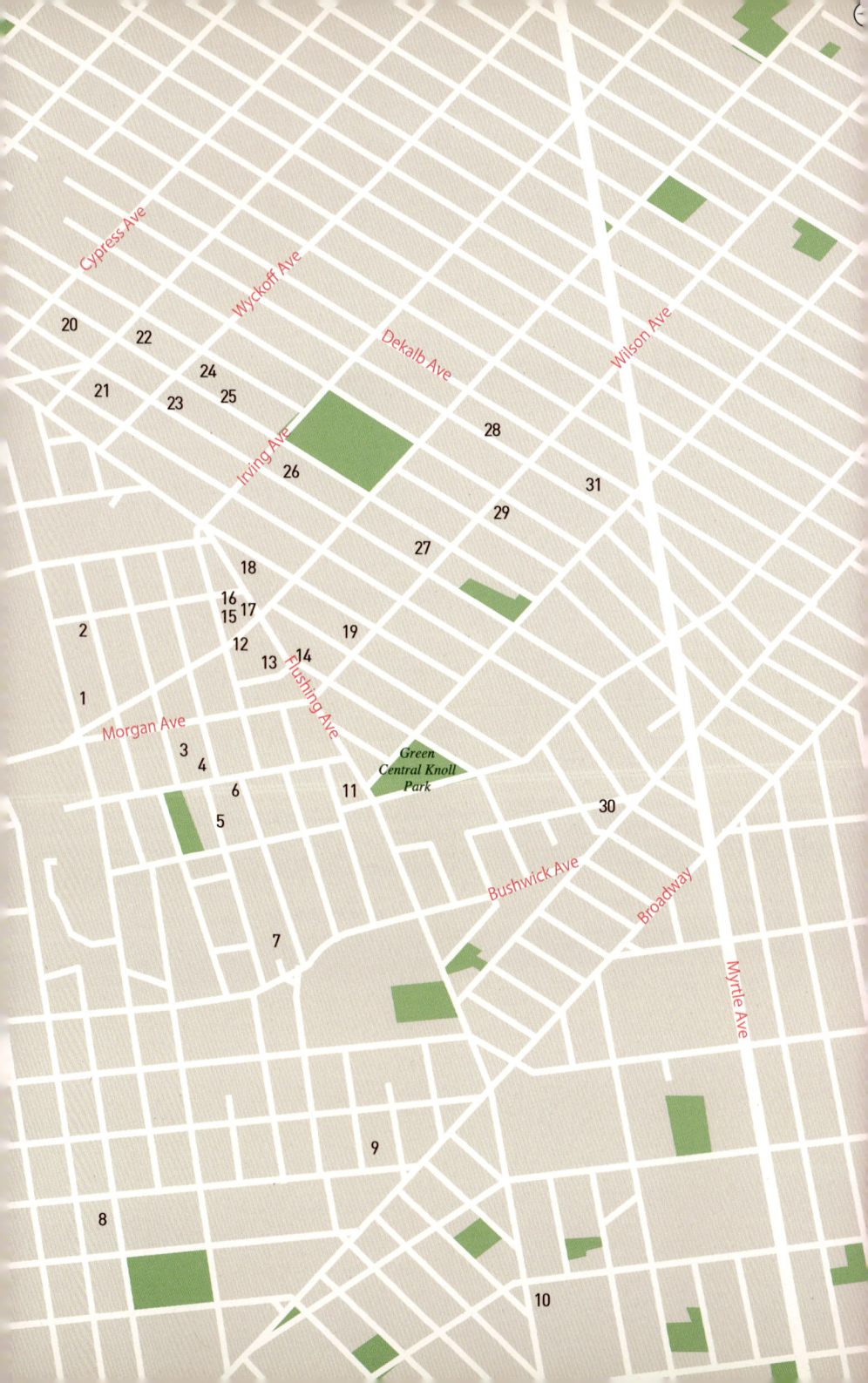

TRUE NEW YORK
MAP

Map no.2 | # BROOKLYN NORH MAP | WILLIAMSBURG
GREENPOINT
BUSH WICK

1. 1 Knickerbocker —————————————— p87
2. Brooklyn Fire Proof East ———————— p136
3. 56 BogArt ——————————————————— p122
4. Mellow Pages Library ————————— p224
5. Fine & Raw ————————————————— p176
6. Roberta's ————————————————— p86
7. NY Moore Hostel ——————————— p239
8. Nam Nam ——————————————————— p87
9. Samurai Papa ————————————— p86
10. Kombucha Brooklyn ———————— p118
11. Catland ——————————————————— p227
12. Urban Jungle ———————————— p191
13. Human Relations —————————— p215
14. Heaven Street Records ————— p142
15. SHOPS at The Loom —————— p185
16. Kave ESPRESSO BAR —————— p118
17. Better Than Jam ———————— p193
18. Secret Project Robot —————— p136
19. Dear Bushwick ———————————— p85
20. Montana's Trail House ——————— p76
21. Union Pizza Works ————————— p59
22. Microscope Gallery —————— p136
23. Wyckoff Starr —————————— p118
24. Heavy Wood ——————————————— p97
25. The Sampler ————————————— p106
26. Arepera Guacuco ——————————— p73
27. Miles ————————————————————— p118
28. Molasses Books ————————— p218
29. La Mejor ——————————————————— p98
30. Silent Barn ————————————— p168
31. Velo Brooklyn Bushwick Bike Shop ——— p165
32. Wayfarers ——————————————— p136

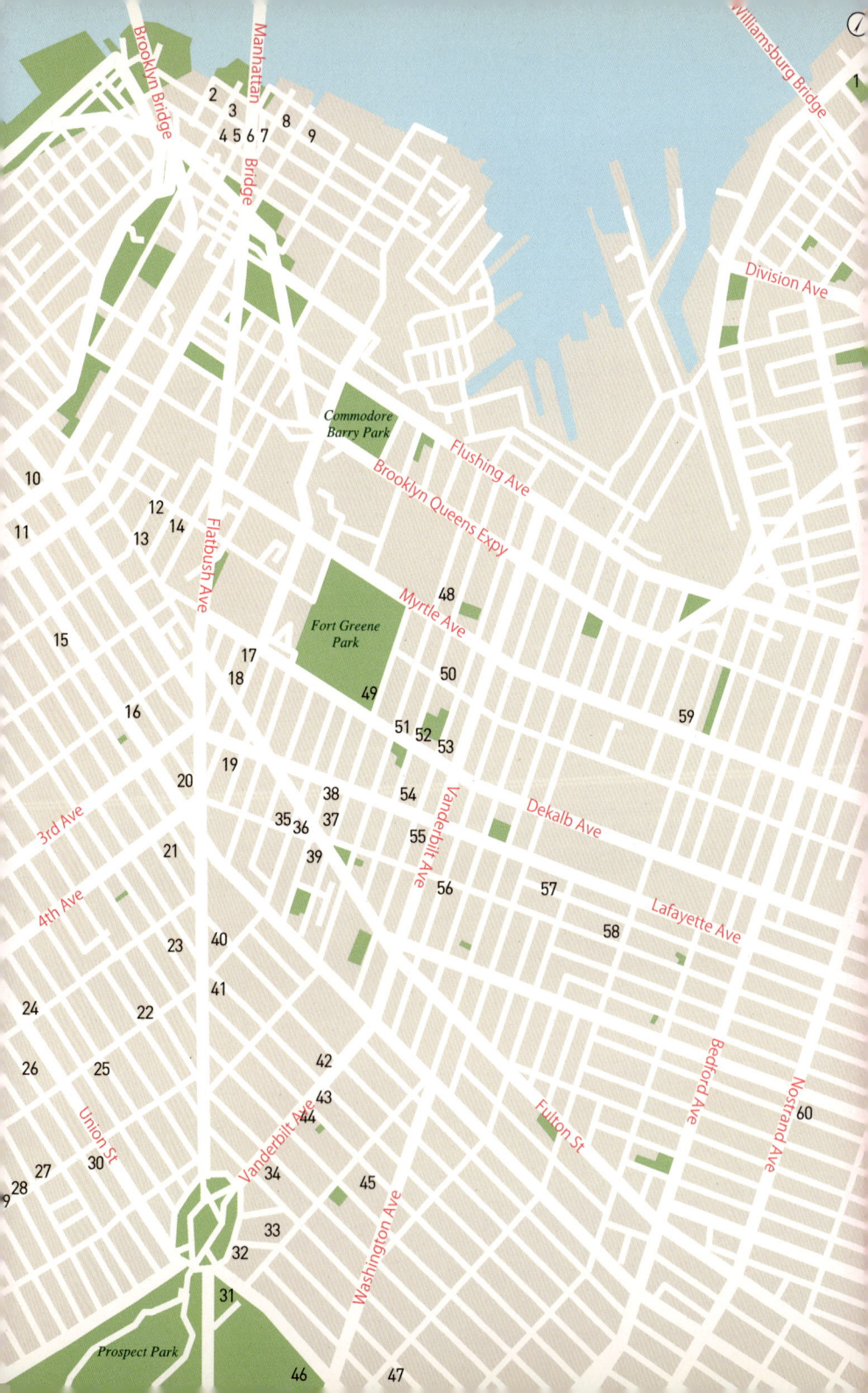

TRUE NEW YORK
MAP

Map no.3 | **BROOKLYN SOUH EAST MAP** | *FORT GREENE / PROSPECT HEIGHTS / DUMBO*

1. North Brooklyn Farms — p227
2. Atrium Dumbo — p87
3. almar — p48
4. Brooklyn Arts Council Gallery — p137
5. A.I.R. Gallery — p137
6. Stephen Romano Gallery — p137
7. Klompching Gallery — p137
8. melville house — p174
9. Brooklyn Roasting Company — p92
10. Issue Project Room — p137
11. The Invisible Dog — p137
12. Aloft New York Brooklyn Hotel — p235
13. Sheraton Brooklyn New York Hotel — p239
14. Hotel Indigo — p235
15. Twisted Lily Fragrance Boutique & Apothecary — p179
16. Bacchus Cafe — p119
17. Urban Glass — p137
18. BRIC House — p137
19. BAM — p150
20. St. Gambrinus Beer Shoppe — p119
21. Ride Brooklyn — p165
22. Kith NYC — p203
23. Bergen Street Comics — p227
24. Blueprint — p119
25. O Live Brooklyn — p84
26. Union Hall — p151
27. Bare Burger — p52
28. P.S. 321 Antique Flea Market — p184
29. Davids Tea — p119
30. Blue apron foods — p82
31. Brooklyn Public Library — p225
32. Cheryl's Global Soul — p50
33. Blue Marble Ice Cream — p60
34. The Sofia Inn — p239
35. greenlight Bookstore — p221
36. Habana — p88
37. Black Forest Brooklyn — p87
38. Hungry Ghost — p119
39. Battersby — p88
40. Teaus — p119
41. Chick P — p87
42. Empire Mayonnaise — p172
43. Ample Hills Creamery — p56
44. Soda Bar — p117
45. bitter esters brewhouse — p119
46. Brooklyn Museum — p130
47. Fivemyles — p137
48. Red Lantern Bicycles — p160
49. FORT GREENE PARK GREENMARKET — p38
50. WTF Coffee Lab — p119
51. Madiba — p62
52. The General Greene — p88
53. Roman's — p88
54. Olea — p68
55. Fort Greene Flea — p182
56. Aita — p88
57. Urban Vintage — p119
58. Guild Greene Gallery — p137
59. Brewklyn Grind Coffee Roasters — p119
60. Skylight Gallery — p137
61. Stocked — p88

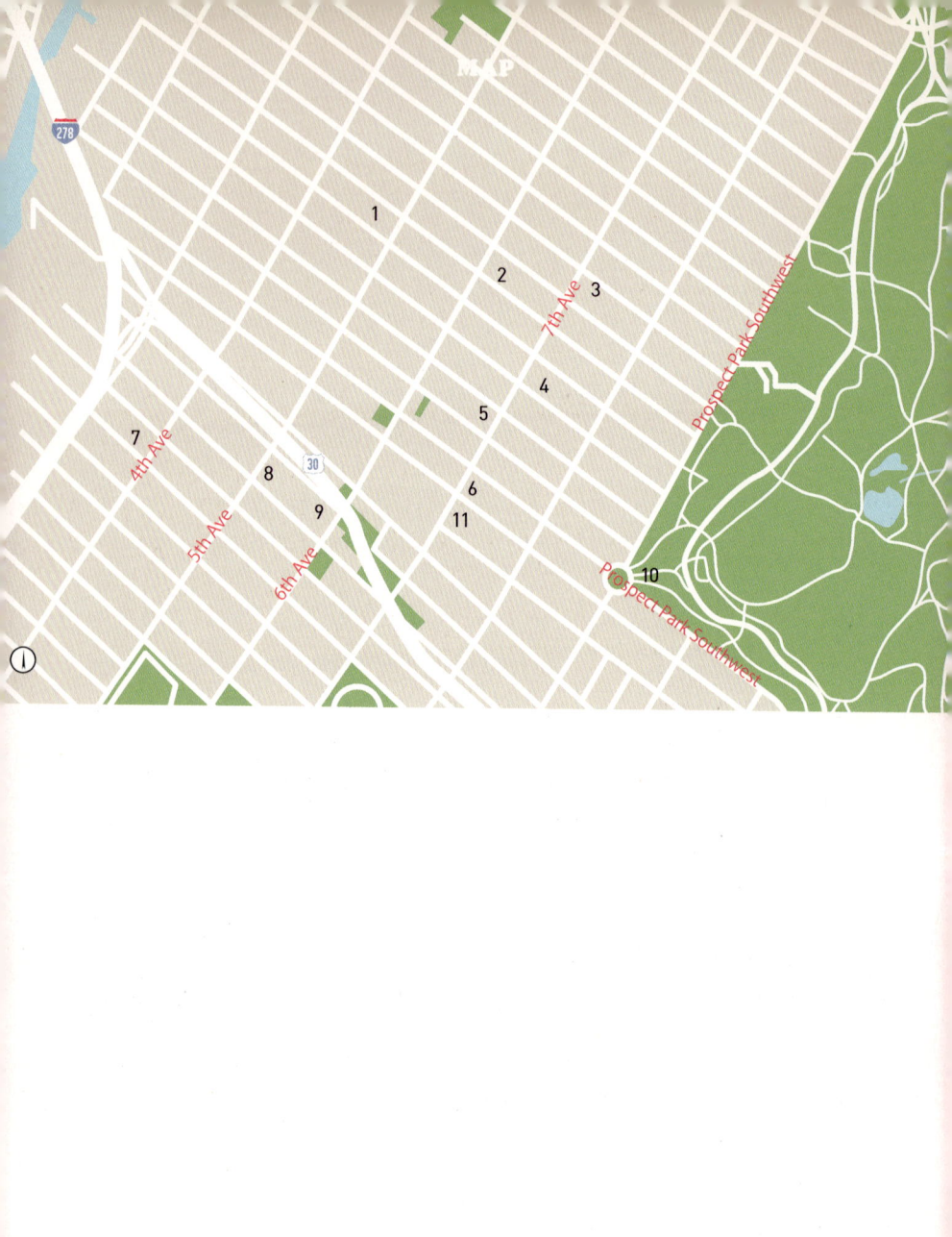

TRUE NEW YORK
MAP

| Map no.4 | **BROOKLYN SOUTH EAST MAP** | *FORT GREENE*
PROSPECT HEIGHTS
DUMBO |

1. Bicycle Habitat — p165
2. Barbès — p151
3. Java joe — p96
4. Talde — p87
5. Café Streinhof — p69
6. Homebody Boutique — p199
7. Permanent Records — p142
8. Freddy's Bar — p151
9. Open Source Gallery — p137
10. Prospect Park — p206
11. Thistle Hill Tavern — p88

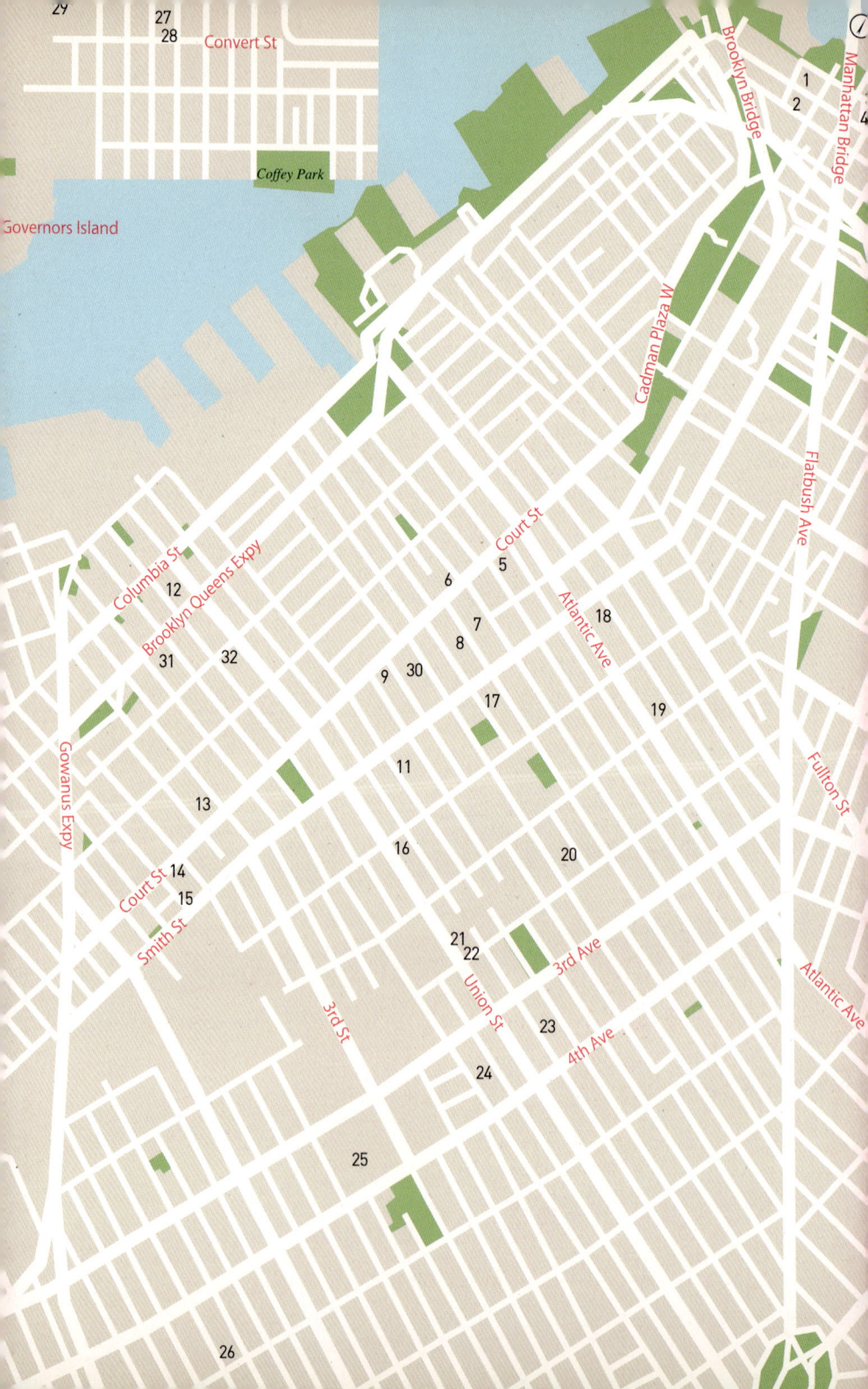

TRUE NEW YORK
MAP

Map no.5 | **BROOKLYN SOUTH WEST MAP** — *BROOKLYN HEIGHTS / BOCOCA / DOWNTOWN BROOKLYN / GOWANUS / RED HOOK*

1. Smack mellon — p129
2. The POWER HOUSE Arena — p219
3. Recycle A Bicycle — p161
4. Baxter & Liebchen — p203
5. Book Court — p214
6. The Community Bookstore — p227
7. Wyckoff Starr — p119
8. Radio Bushwick — p146
9. Cobble Hill Cinemas — p134
10. Pok Pok NY — p88
11. By Brooklyn — p194
12. Brooklyn General — p179
13. Yesterday's News — p227
14. Black Gold Record — p141
15. Frankies 457 — p78
16. Black Mountain Wine House — p119
17. Rime — p202
18. Nu Hotel — p232
19. Grumpy Bert — p202
20. Retrofret Vintage Guitars — p202
21. Proteus Gowanus — p137
22. BKBX Brooklyn Box — p137
23. Littlefield — p151
24. Twig Terrariums — p202
25. hotel le bleu — p239
26. The Fifth Estate — p151
27. Cacao Pietro — p115
28. Brooklyn Crab — p65
29. The Red Hook Winery — p114
30. Brooklyn Farmacy & Soda Fountain — p102
31. Lucali — p88
32. Cafe Luluc — p89

브루클린 추천 일정

	Art in Brooklyn	healing of brookyn (보태닉 가든: 화요일 입장 무료)	Vintage Spirit	Orinary days of Hipster (목요일 권장)
main	브루클린 뮤지엄 / 갤러리	브루클린 보태닉 가든 / 코니 아일랜드	윌리엄스버그	부시윅
아침	Almar, P.48	Cheryl's Global Soul, P.50	House of Small Wonder, P.44	Kave ESPRESSO BAR, P.118
	Smack Mellon, P.129	Ample Hills Creamery, P.57	Rough Trade NYC, P.140	SHOPS at The Loom, P.185
	Stephen Romano, P.137	Brooklyn Botanic Garden, P.210	Brooklyn Charm, P.202	Urban Jungle, P.191
	A.I.R. Gallery, P.137	Brooklyn Museum, P.130	Junk, P.190	Heaven Street Records, P.142
	Lizzmonade Brooklyn Pop–Up Pool, P.119		Shag, P.197	Catland, P.227
			10ft single by Stella Dallas, P.188	
점심	Bareburger, P.52	milk & roses, P.42	OKONOMI, P.71 or Meat Hook Sandwich Shop, P.51	Roberta's, P.86
	Brooklyn Museum, P.130	Coney Island, P.159	Grand Street Bakery, P.186	Fine & Raw, P.176
	Fivemyles, P.131	해변 산책 / Luna Park 놀이기구	The City Reliquary, P.136	studio 10(bogart 56), P.122
	Cotton Candy Machine, P.124	일몰	Fuego 718, P.195	Mellow Pages Library, P.224
			skinny skinny, P.177	Bushwick Jefferson St. / Graffiti
				Heavy Wood, P.97
				Microscope Gallery, P.136
저녁	Bozu, P.118	핫도그와 코니아일랜드 맥주	Pies–n–Thighs, P.86	Montana's Trail House, P.76
밤			Baby's All Right, P.147	Radio Bushwick, P.146

travel
NEW YORK

트립 뉴욕 트래블린

2015년 7월 20일 초판 1쇄 인쇄
2015년 7월 30일 초판 1쇄 발행

지은이 정수정
펴낸이 정상석
펴낸곳·편집 트래블린
기획·표지 디자인 이야기

펴낸곳 트래블린
등록번호 2005. 2. 17 제 6-738호
주소 서울시 마포구 양화로 97-1 3층
대표전화 (02) 332-7646
팩스 (02) 3142-7646
홈페이지 www.diyjp.com
ISBN 978-89-94158-71-6(13940)
정가 13,800원

내용 및 잘못 만든 곳의 문의 diamall@naver.com
(타잎포리스트 창의에 등장한 캐릭터는 가상의 캐릭터로 통일 없이 등장합니다.)

이 도서의 국립중앙도서관 출판예정도서목록(CIP)은 서지정보유통지원시스템 홈페이지(http://seoji.nl.go.kr)와
국가자료공동목록시스템(http://www.nl.go.kr/kolisnet)에서 이용하실 수 있습니다.(CIP제어번호: CIP2015018630)

CREDIT
TRAVEL NEW YORK

urban life at the ocean	Drink & Side (토요일)	What a wonderful free? Flea? (일요일)	Cafe and Book
커드 숍	수제 맥주 양조가게 방문	프리 그린 피크닉 / 소규모벼룩시장 가기	프리마켓 장영
Brooklyn Roasting Company, p92	Blue Bottle coffee, P.99	Red Lantern Bicycles, P.160	milk & roses, P.42
덤보에서 레드훅까지 걸어가지 자전거 이동	Brooklyn Brewery, P.104	Fort Greene Flea Market, P.182	Word Brooklyn, P.220
	Mc Carren park, P.213	Fort Greene Park Greenmarket, P.38	Owen James Gallery, P.136
	Monsignor McGolrick Park and Green market, P.212		Brooklyn Art Library, P.226
			Toby's Estate Coffee, P.100
			Desert Island, P.216
Hometown Bar-B-Que, P.88	Smorgasburg At Brooklyn Flea Food Market, P.36	Madiba, P.62 / Smorgasburg Brooklyn bridge	The Blue Stove, P.118
	Kinfolk 동네 가게, P.95	브루클린 브릿지 파크	
Saipua, P.179	Rough Trade NYC, P.140	윌리엄스버그 둘러보기 / PH Arena Books	Human Relations, P.215
Foxy & Winston, P.202	Wythe and Berry St, 걷기	일몰	Heaven Street Records, P.142
Cacao Pietro, P.115	Black Brick Coffee, P.94		
Steve's Authentic Key Lime pies, P.89	Toast, P.108 or Brooklyn Winery tour($35)		Molasses Books, P.218
Red Hook Winery, P.114			
참치 요릴 감상			
Brooklyn Crab, P.65	Acqua Santa, P.64	Atrium DUMBO, P.87	Arepera Guacuco, P.73
Fort Defiance, P.119	Muchmore's, P.151		The Sampler, P.106